讓一步，好事會發生

知名庭園設計師
×
日本當代最具影響力禪師

枡野俊明 著
緋華璃 譯

自序

捨得，才能獲得

「快點、快點」、「不能輸、不能輸」、「再多一點、再多一點」——被時間追著跑、被旁人追著跑、總是過度努力的自己。

明明很痛苦，但如果不狠下心來「我來做、我來做」地踩著別人的頭往上爬，可能就會被身邊的人超越，好可怕。

在這個汲汲營營的世上，覺得活著很辛苦的人愈來愈多了。

「寬容一點吧。」

二〇二四年，由宮藤官九郎編劇的日劇《極度不妥！》掀起極大的迴響。阿部貞夫飾演的「昭和大叔」，視合法合規的常識於無物，某天突然穿越到令和時代，他的滿嘴言論在昭和時代或許還行得通，但是放到令和時代完全不合時宜，把人們搞得雞飛狗跳，是一部刻畫人性的喜劇。這是最後一集，宮藤先生透過主角之口所傳遞的訊息。

宮藤先生說他深受日本電影學院獎最佳編劇獎的得主市川森一老師的影響，倘若市川老師還在世，應該會下這樣的標題吧。

「並非只有你是對的。」——眞正的多元化是接受與自己不同的價值觀。

我想，我們現在需要的正是所謂的「寬容」。

「寬容」經常被解釋成「接受對方」的意思，但寬容並不是無條件地接受對方，而是認同彼此的優點，珍惜互相禮讓的心意。

「禮讓」是這本書的主題。

「迷惘時退一步，人生會更順利喔。」

當我這麼對大家說，對方通常會反問我：

「可是，所謂的『禮讓』就是忍耐的意思吧？」

搭捷運時，看到老人家站著，要是沒有起來讓座，會一直記掛著早知道就讓座了；可是一旦讓座，又必須一路站到下車——。

遇到看起來很有趣的工作，卻沒有勇氣說「請讓我做」；因爲同事說他想試試看，只好委屈自己讓給他——。

想像以上的情況，或許會覺得「禮讓」具有忍耐、委屈自己的負面印象，不是這樣的。

禮讓非但不負面，反而是非常積極進取的行爲。

禮讓是「放手」。大家可能會覺得這不就是損失嗎？可是把手放開，空下來的掌心才有空間接住「好東西」或「好事情」。

道元禪師形容這是「捨得，才能獲得」。

在捷運上讓座能換來笑容。把有趣的工作讓給同事，當自己忙得焦頭爛額時，對方也會伸出援手。

主動禮讓的行爲會讓自己心情變好。這份體貼的心情想必能傳染給所有人吧。

當然，我的意思並不是說凡事都得禮讓才行。本書將以淺顯易懂的方式爲各位介紹如何判斷什麼該禮讓、什麼不該禮讓。

我認爲能寬以待人的人，必然是願意禮讓的人，也是人生過得更好的人。

合掌

第一章

停止競爭，事情更順利

第二章

別貪心「這也想要、那也想要」

第三章

別「快點、快點」地焦慮

第四章 別逞「無謂的威風」

第五章 不要執著

第六章

別要求回報

第一章

停止競爭，事情更順利

禮讓能讓心情變好

——禪宗的教誨「一起變美的生存之道」

每當同時在電梯或電車的驗票閘門、狹窄的通道上與別人碰個正著、擠在一起，經常會讓人不知如何是好。

像這種時候，我會**禮讓對方**：「**您先請**。」這麼一來，對方會笑笑地回禮，自己的心情也會變好。

不過也有人彷佛天經地義地默默搶先，看也不看我一眼。像這種時候，我也不禁產生「**啊，眞無奈呀**」的心情。

又或者是在電車或公車上讓位給別人的時候，也有人會理所當然地坐下，連一句謝謝也沒有。這時讓座的人心情絕對不會好。

儘管如此，我還是很珍惜這份「禮讓」的心情。因爲我希望自己永遠都能保持互相禮讓的心情，好讓彼此都能開開心心地笑著過日子。

若是能痛快地禮讓對方，通常能以「今天狀況還不錯呢」的愉悅心情過上一整天。

職場上也經常發生「**狹路相逢**」的情況。

所屬的單位接到很吸引人的工作，主管問大家「有沒有人想做？」有興趣的人大概都會舉手吧。萬一由自己負責，而且成功了，不僅能獲得極高的評價，也有助於職涯的發展更上一層樓。

但是負責人的名額只有一個，主管會選誰呢？萬一選了同事，可能會覺得自己輸了也說不定。但又不好意思踢開別人，大聲主張：「選我、選我！」

像這種時候也要保持互相禮讓的心情嗎？

藉由「禮讓」提升團隊的凝聚力

平常不經意地使用「贏家、輸家」這種相當於捨棄弱者的歧視用語，已經有二十年以上的歷史了。

想以工作表現爭取到良好的評價固然是一件好事，**但是太在乎輸贏，把原本應為合作關係的同事擺在競爭的對立面，互扯後腿可就本末倒置了**。死抱著自己知道的訊息不告訴別人，也不向身邊的人尋求協助的氣氛一旦蔓延開來，工作就無法順利進行，這是非常可惜的一件事，對企業也十分不利。

跟同事都想做同一件事的時候，我依舊認爲禮讓的心情很重要。這樣才能心無芥蒂地把工作讓給對方：「**你來做也很好喔。加油。**」萬一對方在那份工作上遇到麻煩，也要大方地伸出援手，這樣才能建立起合作關係與信賴關係。

如此一來，下次還有相同的機會時，**對方或許會說：「上次你讓給我，這次換你上吧。」**

彼此在互相競爭、互相幫助的情況下成長的行爲稱爲「切磋琢磨」，這是從中國《詩經》裡的一節「如切如磋，如琢如磨」而來的成語。

「切磋琢磨」這個成語讓我想起田裡採收的馬鈴薯。

把沾滿泥巴的馬鈴薯放進籃子裡晃動，讓馬鈴薯滾來滾去、互相碰撞，會撞掉彼此身上的泥巴，變成乾淨的馬鈴薯。**不只自己，讓彼此都能變得乾淨美麗的關係**——我認爲這就是「禮讓能讓大家的心情變好、變美麗」的意義。

“

不要想著「我來、我來」

而是「大家一起、大家一起」

——不被「欲望」左右的訣竅

“

「○○先生去那家有名的餐廳吃飯啦！」

「△△小姐正在享受溫泉旅行呢！」

看到認識的人或名人上傳到社群網站「享受人生」的照片，是否會覺得很羨慕，甚至對現在的自己感到不滿呢？

這麼一來，或許會產生小小的對抗心理，「輸人不輸陣」地逼自己也表現出享受生活的那一面，上傳所謂「過度美化」的現況到社群網站上。這種過度美化的行爲，其實是「自我」的展現。

執著於自己的存在或想法的心態，就是俗稱的「自我」。我認爲這個資訊爆炸的社會，害大家都變得愈來愈自我了。

我們生活在資訊爆炸的社會裡，不知不覺吸收一大堆不知道也無所謂的訊息。受到那些資訊的影響，「我也是、我也是」地產生了比平常更想讓別人看見自己的心情。

自我其實也是佛教所說的「**我欲**」。所謂我欲，指的是不考慮別人，只追求自己利益的心情，亦即自我中心的欲望。只想著「希望比別人更……」試圖讓自己看起來更完美，也算是一種我欲吧。

可想而知，佛教反對我欲。只求自己過得幸福就好，爲了能得到幸福，犧牲別人也在所不惜，這種貪婪的欲望絕對不值得稱許。

但我也無意否定所有的欲望。**人生在世絕對不能少了欲望，欲望是讓人活下去的動力**。「享受人生」的貼文，應該也能變成積極活下去的動力。

只要自己幸福就好了？

從背後推別人一把、讓別人往好的方向前進的欲望稱爲「意欲」。「意欲」與「我欲」失之毫釐、差之千釐。**若建立在意欲上，就能活得積極進取**。

舉例來說，在商場上追求利益是理所當然的考量。無法創造利益的企業會被淘汰，但企業如果不惜犧牲別家公司也要追求自家的利益，就算能一時順風順水，遲早也會消失。

大家都知道品質僞裝或廣告不實、財報造假之類的醜聞，將成爲一家公司的致命傷，因爲這些負面新聞而消失的企業多不勝數。

看到這些企業的醜聞，不難看出隱匿弊案其實是很嚴重的問題。也就是說，**原本為了想保護公司利益的意欲變成我欲了。**

說到「意欲之人」，稻盛和夫是足以代表日本的企業家之一。他是京瓷及KDDI的創辦人，也是眾所周知，爲重建瀕臨破產的日本航空（JAL）盡心盡力之人。

據說稻盛先生在開始一項新的事業或專案時，會一而再、再而三地花時間自問自答：

「我做這件事是不是只爲了自己或公司的利益？」、「是否能讓大家都開心？」、「過了十年、一百年，大家是否還會說幸好我做了那件事？」

當他覺得「好，沒問題」，就會以令人嘆爲觀止的爆發力去推進事業，從而獲得無數成功，不帶一絲半點的我欲。

別拘泥於「結果」

——這樣才能不只一次得到成就感

「期末考一定要考得比同學還高分！」

「業績絕對不能輸給跟我同期進公司的那傢伙！」

讀書也好、工作也罷，經常伴隨著勝負，每個人都是從小就跟各式各樣的競爭對手一路比拚過來。

贏了喜上眉梢，輸了垂頭喪氣，倘若上次贏了對方，這次卻輸了，可能會不甘心到陷入討厭自己的地步也說不定。

但仔細想想，**情緒受到輸贏的左右，究竟有何意義**？

想當然耳，競爭的確能提升士氣，但如果對結果耿耿於懷又是另一回事了。

萬一太在乎勝負，**做出陷害對手這種可恥的事更是本末倒置**。

勝負只是爲了檢查對方與自己差在哪裡。就算成績比競爭對手好，**也跟你這個人的本質毫無關係**。贏了固然可喜，那就高興一下；輸了也可以不甘心，但就點到爲止，沒必要煩惱。

如果只用誰輸誰贏這種「二元論」來思考讀書和工作，乃至於生存之道，可能會憋得喘不過氣來。

誠實地面對自己，一定能獲得成就感

勝負是**「與他人的勝負」**也是**「與自己的勝負」**。

前者重視**「結果」**，後者重視**「過程」**。

禪宗的基本教義是**「活在當下」**，不重視「結果」。重點在於現在這個瞬間的積累，「過程」才是生存的價值。

如果無法放下得失心，那就請把重點放在「與自己的勝負」上。這也是**與躲在自己內心深處的「怠惰」一決勝負**。

有時候會認為「這樣就可以了吧」，另一方面又覺得「應該可以再進步一點」，這便是與怠惰的勝負。

不只讀書與工作，日常生活中也有很多與怠惰的勝負。

例如下定決心從明天早上開始每天慢跑。

可是當早上醒來，

「今天好冷，明天再開始吧。」
「等天氣暖和一點再開始吧。」
輸給怠惰的心理，覺得好麻煩，別說三分鐘熱度了，連一分鐘都不到……。
這時就算有點冷，也請不管三七二十一地走出玄關，在家門口附近走兩、三分鐘看看。
「幸好逼自己起床了。」
「早晨的空氣眞舒服啊。」
以此得到小小的成就感。要是能進一步產生「感覺眞舒暢，不如來跑一跑吧」的念頭，回過神來已經開始慢跑了。一旦持續下去，就能得到巨大的成就感。
而與他人的勝負，只有贏的時候能得到成就感。然而，與自己的勝負在「早上爬起來了」、「早晨的空氣眞舒服」的過程，**就能得到成就感**，能讓自己活得更像自己。

側耳傾聽

——聽對方說話並非「認輸」

「堅持自己覺得對的事。」
「意見相左時絕對不讓步。」
「不聽別人的意見。」

無論哪個時代都有這樣的人，但我總覺得近年來似乎變得更多了。看政客就知道，爲了強行通過自己或政黨的想法，不僅不聽別人的意見，還有人甚至不願與意見不同的人見面。

我能理解社會劍拔弩張，不得不變得以自我爲中心的心情。加上社群網站的發達，很容易變得自說自話、自以爲是，這也是溝通難以成立的原因之一。

為了培養器量，「傾聽」的重要性不言可喻。

傾聽對方的意見並不是「認輸」的意思。不是將「讓步」建立在曲解自己的意見上，重點在於**傾聽對方的意見、尊重對方、深入自我思考的想法**。

當對方與自己的意見相左時，一旦全方位採取否定的態度，「我認爲你說的不對，我無法接受」，對話就無法繼續下去。又或者變成與對方唱反調，演變成一發不可收拾的局面。

這時請先找出對方說的話與自己的意見共通的部分，先肯定對方「這部分我也有同感。但是關於另一部分，我是這麼想的」，再平心靜氣地陳述自己的意見，如此一來，對方也會願意傾聽。

禮讓是為了精進自我

「禮讓」是讓自己進化成更有肚量的人。

人類的胸襟是「肚量＝包容的心」。胸襟太小等於杯子太滿，很容易就溢出來，只能接受一點點別人的意見或想法。

胸襟愈寬廣，就能接受原本溢出來的各種意見。只要能理解過去看不見、感受不到的事物，身爲人的視野就會愈開闊。

禮讓其實也是「精進自我」的方法之一。

年輕時很容易堅持自己的想法，那是因爲在各方面的經驗都還太淺，說是身而爲人的胸襟還太狹窄也不爲過。隨著年齡增長，會開始傾聽各種人的意見，閱讀書籍，增加知識，讓自己變得更有深度。

遇見許多人，聽他們說話，人類的胸襟也會愈寬闊。其中遇見能指導自己的「良師益友」很重要。

我自己也因爲認識齋藤勝雄這位園藝設計師，不僅在園藝設計上獲益良多，也培養了身而爲人的胸襟。

如果身邊沒有這樣的良師益友，也無須長吁短嘆。打個比方，電視上有很多優秀的人，倘若覺得「那個人說的話很有幫助」，那個人就是你的良師益友。

也可以拜書本爲師，就算是漫畫也無妨。只要有個老師能支持你的人生，自己身而爲人的胸襟就會變得更開闊。

用「有幸爲你做」思考

——認為「我是在幫你」只會讓自己心浮氣躁

別人爲自己做點什麼的時候，你會說「謝謝」嗎？

「那當然。無論是在職場上還是在日常生活中，用言語表達感謝的心情是人際關係的基本常識。」

大部分的人都會這麼回答，也眞的會說「謝謝」吧。

如果是數十年前，會對爲自己整理資料的部下說「謝謝」的上司屈指可數。換作現在的年輕人，可能早就開始考慮換工作，不想在這種上司手下工作了。相較於當時的情況，可以感覺時代正往好的方向發展。

話語是有力量的。「謝謝」、「托你的福」等感謝的話語，聽的人自不待言，**就連說出這句話的自己也會得到積極正面的力量**。

那麼，只要不管三七二十一地說出感謝的話就行了嗎？

那倒未必。

在那些「謝謝」、「托你的福」的話語底下，是否有「人不是靠自己一個人的力量活下去」的心情呢？

「謝謝」、「托福」原本都是佛教用語。

「謝謝」源於《法句經》的「得生人道難，生得壽終難，得聞正法難」，意思是**「能降生為人是一件多麼幸運的事，要對此充滿感謝」**，被當成用來表示感激的話語使用。

「托福」則是「托神佛或祖先庇蔭」的意思。肉眼雖然看不見，但**我們能好好地活著，都是仰仗那些幕後功臣的功勞**。這句話充滿對滿天神佛的感謝。不是說說而已，因爲有身邊的人扶持，才有今天的自己，這句話充滿了這樣的感謝之情。

捐獻超過五千六百條抹布的老夫婦

前些日子，我提到自己擔任住持的建功寺有一對老夫婦的故事。

事情發生在某一天，老夫婦參加位於神奈川縣南足柄市的大雄山最乘寺舉行的坐禪會。

看到僧侶們用抹布在走廊上拖地時，有幾位僧侶站著不動。老先生覺得很不可思議，問和尚們：「你們爲什麼不拖地？」他們回答：「因爲抹布不夠，只能等對面的人拖過來，再換我們拖過去。」

老夫婦聽聞此事，等坐禪會結束回家後，每天都在家縫抹布，再把做好的抹布捐給寺廟。

老夫婦每次出去買東西都會樽節開支，買下一兩條用來做抹布的毛巾回家。再把毛巾一條一條拆開、熨平、縫成抹布。據說這麼費工是擔心萬一邊緣太硬，細縫會擦不乾淨。

老夫婦也捐了幾十條抹布給建功寺。我也用來拖過地，真的非常好用，連角落都能擦得非常乾淨。這些抹布展現了那對老夫婦對自己能好好活在世上的「托福」感謝之意。

拖地是在擦亮自心

那對老夫婦懷著感謝的心情，十年來縫了五千六百條抹布，捐獻給寺廟，但聽說剛開始捐贈時，對方其實不太領情，害他們覺得有點掃興。

當他們帶著抹布去某座寺廟：「這是抹布，不嫌棄的話願意拿來用嗎？」負責接待他們的僧侶非常不客氣地說：「好啊，那就給你面子用一下吧。」

「那一刻，我眞的有點火大。」

老夫婦頓時有些怒火攻心，但隨即冷靜下來。不愧是平日有在修行的人。

「對方願意用，我就很感恩了。**自己並不是捐獻抹布，而是有幸為寺廟縫製抹布**。當我轉換成這樣的心情，就釋懷了。」

關鍵在於**「有幸為你做」**。

工作和日常生活也一樣。認爲「我是在幫你」和「有幸爲你效勞」、「很榮幸這麼做」，明明是同一件事，結果卻有著天壤之別。

實際做了就知道，**每一項工作都會變得更仔細，而且是笑著去做那些事**。

順帶一提，禪寺有所謂的**「一掃除、二信心」**。

意思是指要先打掃，信仰才會油然而生。

對於立志修道的人，信仰是先決條件，但佛教認爲打掃還在信仰之上。

拖地其實就是擦亮自己的心，意即「在心靈保持清淨的狀態下開始修行」。

因此即使不髒也要打掃乾淨。禪寺的走廊經常擦得亮晶晶，就是基於這個原因。

更重要的是，大掃除可以讓自己的心情變好呢。

告訴自己
「這也是沒辦法的事」

——人生的真諦是「可以反省，不要後悔」

你的性格是悲觀還是樂觀呢？

想開始嘗試什麼新鮮事、重要的工作陷入嚴峻的狀況、或者是犯了錯，必須向對方道歉時等，是會悲觀地擔心會不會導致糟糕的結果，還是能樂觀地面對、「船到橋頭自然直」呢？

想也知道，能樂觀思考的人，人生會活得比較輕鬆。

悲觀的人很容易耿耿於懷、鑽牛角尖。我甚至覺得**活得愈認真的人，多半都是容易耿耿於懷、鑽牛角尖的人**。

「爲什麼非這麼做不可？」、「爲什麼我會這麼倒楣？」、「爲什麼我會犯那種錯？」

錯就錯了，已經是過去的事，無法改變。但「爲什麼？」、「怎麼會這樣？」的想法依舊在腦海中陰魂不散、揮之不去。搞清楚**耿耿於懷、鑽牛角尖地煩惱只是在跟自己過不去**，適時止損也很重要。

「可以反省，不要後悔」是人生的眞諦。

想樂觀地活下去，重點在於要學會想通「如果是這樣就好了」。

「要是做這件事能讓大家都開心就好了。」
「再來只要咬緊牙關撐過去就好了。」
「馬上去道歉，希望對方感受到自己的誠意就好了。」
就是這樣的思考模式。這麼一來，無論結果如何，至少都能積極地往前進一步半步。

悲觀地思考，樂觀地執行

「機會不來也沒辦法。」
「這次只是運氣不好。」
就算不順利，也要樂觀地告訴自己「這也沒辦法」，繼續往前走。
但必須**經過事前的準備和努力，再這樣告訴自己才有意義**。努力後再放棄，才能坦然接受這樣的決定。
另一方面，若說悲觀的思考是否定一切，倒也不盡然。

悲觀的人，具有凡事都考慮得非常慎重的優點，不會貿然行事，所以大概也不容易犯下無可挽回的失誤。此外，慎重的一言一行，也可以說是自我防備的技能滿點。

前面提到的稻盛和夫說過一句話：「**樂觀地設想，悲觀地想遍所有最糟糕的情況，再樂觀地付諸實行。**」

開始做一件新的事情，要懷抱著夢想與希望「要是能變成這樣就好了」。在計畫的階段則要徹底地想像所有最糟糕的情況，「萬一不走運，可能會發生這種事」，一再地重新研擬對策。到了終於要付諸實行的階段要有自信：「一定會很順利！」積極進取地面對。

在煩惱之前，只要先徹底地做好現在能做的事、該做的事，就能變得樂觀。而且**就算失敗，也能告訴自己：「這也是沒辦法的事。」**

別說汙言穢語

——只要有為人著想的心情，就不會講出難聽的話

工作或日常生活中如果有感到迷惘或在意的事，心情就無法平靜。有時候會心浮氣躁，甚至無意中對人發脾氣。

因爲人類是由「身體」、「口」和「心」構成。

爲了活得心平氣和、神采奕奕，佛教把重點放在「**身口意＝身（行為）、口（言語）、意（心念）」這三業的調和**上。

「調整行爲」是指所作所爲要正確。這句話聽得來很像理所當然的廢話，但其實不容易，因此必須先**隨時意識到正確的態度**。

「調整言語」指的是帶著慈愛心來說話。

日本曹洞宗的開山鼻祖道元禪師在著作《正法眼藏》裡說：「應該學習愛語，因爲愛語具有改變天命的力量。」

這句話的意思是說，**帶著慈愛心來說話的「愛語」，具有倒轉天地的力量**。即使表達的意見相同，說的時候體察對方的人格、立場或心情，傳達的就是所謂的愛語。

「調整心念」則是保持心靈的強健。禪語有云「柔軟心」，指的是**心不被先**

入為主的成見或既定觀念、想法所束縛的狀態。

言行舉止是反映內心世界的明鏡

身體與口和心息息相關。只要舉止有禮，「愛語」自然而然會脫口而出，結果就能保持「柔軟心」。

重視言行舉止，也就是舉手投足，是調整心態的最大重點。反過來說，調整好心態時，舉手投足就會變得謙恭，便能帶著慈愛的心來說話。

若想調整心念，要先從言行舉止做起。

第一步就是良好的姿勢。

良好的姿勢並不難。與其說是抬頭挺胸，只是把心窩往前挺的感覺伸直背脊，採取腹式呼吸。從肚子吐氣、吸氣讓肚子凹進去的方式，就稱爲腹式呼吸。

彎腰駝背無法採取腹式呼吸，光是記住這點，就能讓姿勢變好。

抬頭挺胸，採取腹式呼吸，人會不可思議地冷靜下來，消除迷惘或急躁的心

情。

事實上，醫學已經證明腹式呼吸具有放鬆效果。當腹式呼吸吸進來的氧氣傳送到腦子裡，副交感神經就會發揮作用，緩解身體的緊張。

另外，當副交感神經處於優勢地位的狀態也會增加淋巴球，提升免疫力。

內心感到煩躁時，請先提醒自己保持良好的姿勢。內心一旦有餘裕，就能考慮到對方的心情。這份體貼也會表現在說話上，有餘力想像對方會怎麼解讀自己說的話。

告訴自己

「這也是某種緣分」

——坦然接受，心境更開闊

當提不起勁的事落到自己頭上——例如不想做的工作、不想參加的會議，是否曾想盡辦法，用各式各樣的理由來拒絕，像是「我現在分身乏術，請找別人幫忙」、「□□先生比較擅長這項業務喔」、「那天我有別的事去不了，請拜託○○小姐」。

如果拒絕的理由眞有其事，那也沒有辦法。但以上是明明可以做，卻因爲不想做而**把工作「推給別人」**的案例。

雖然覺得有點不好意思，但不想做的事就是不想做。如果是想做的事、很有吸引力的工作，即使有點勉強，也會勉爲其難地接下委託。

把不想做的事推給別人，只做自己喜歡的工作。這樣怎麼可能行得通呢？

佛教認爲人際關係當然無須贅言，工作和日常生活、萬事萬物都是因爲有「緣」才得以存在。我們人類不是靠自己就能生存，而是**活在「緣」裡**。

不管是無聊的工作，還是迷人的工作，都是「緣」帶來給我們的，所以用想做、不想做的角度來思考的話，等於是無視緣分。

想像對方喜悅的臉龐，自己也會很高興

佛教還有一句話叫「隨緣」，意即**順應得到的緣分**。「緣分」不會每一次都順著自己的意思。無論是好的時候，還是壞的時候，只要能接受眼前的狀況，冷靜地思考，把自己交給緣分，就能活得輕鬆許多。

接到工作時，請先坦然**接受那份工作最初始的模樣**。不管那是想做的工作，還是不想做的工作，都是難得的緣分。

先別管想做還是不想做，無論是什麼樣的工作，都要仔細思考自己的狀況，如果真的分身乏術再來拒絕。就算是一直想做的工作，也只能告訴自己緣分未到，果斷地拒絕。

又或者當你剛好有空的時候，即使是不想做的工作，也當作「良緣」，欣然接受。

既然是難得的緣分，就**別視為是被逼著做的工作，而是要當成有幸可以做的事，好好地享受**。

我自己從事庭園設計的工作，有很多千奇百怪的限制，老實說，也有令我覺得很痛苦的委託。儘管如此，因爲是難得的緣分，既然接下這項委託，就會竭盡所能、使命必達。

我用來提升自己士氣的方法，是永遠都想讓業主（委託人）驚艷。因爲有緣才有機會爲對方服務，所以我想注入自己獨特的創意巧思，帶給委託人驚喜：「哦，原來枡野先生幫我做了這個！」

就算是一開始提不起勁做的事，只要**能看到對方又驚又喜的表情，還是會很開心**。

萬一遲遲做不到自己想做的事，也無須爲此感到焦慮。

只要每一次做事都能超出對方的預期，總有一天必定有機會做到自己喜歡的工作。

“

表達時與其
「我告訴你」
不如「我聽你說」

——先從理解對方開始

“

暢銷書作家阿川佐和子寫的《阿川流傾聽對話術》出版多年，至今仍持續熱賣。

我也是看了阿川女士的書，才恍然明白對話的本質是「傾聽」，得到非常多的啟示。

因爲我覺得**大部分的人之所以會那麼在乎「傾聽的終極意義」，是因為日常生活的對話並不順暢**。

每個人都希望別人聽自己說話，若這份欲求沒有得到滿足會十分痛苦。如果想滿足這份需求，就必須先聽別人說話。

所以傾聽才是對話的原點，關鍵在於爲別人著想的心。

以佛教爲例，爲許多人所崇敬的觀世音菩薩，是願意傾聽人們的迷惘及煩惱的菩薩。

觀音這兩個字可以寫成「觀其音」，**如同「見聞一致」這句成語所示，佛教認為「所見」即「所聞」**。由此亦可見，觀世音菩薩是願意傾聽我們心聲的神明。

也有人形容觀世音菩薩是「拔苦與樂（收走苦難，施予喜樂）的神明」。

正因爲觀世音菩薩樂意傾聽人們的苦惱、拯救人們，信仰才會遍及日本全國各地。

我們也要**想像沒有說出來的對話背後「對方在想什麼，想表達什麼」**，而不只聽取對話表面的部分，這點非常重要。

專心傾聽

「傾聽」是聽對方說話的溝通技巧之一。

美國臨床心理學家卡爾．羅傑斯提倡「積極地傾聽」不只在心理諮商或教學的領域，也是建立良好人際關係的技巧之一，廣爲世人所熟知。

日本經濟產業省將「爲了在生涯各階段持續發光發熱需具備的能力」之一的「傾聽力」，定義爲「人可以活到一百歲的時代的基礎能力」。

所謂傾聽，是同理對方的心情，進而產生興趣，眞摯地面對對方。

羅傑斯列舉以下三要素，爲傾聽對方說話的必備條件。

①**同理地理解**→站在對方的立場，同理對方的心情，聽對方說話。

②**無條件地肯定對方**→不評價對方話語的好壞或喜惡，抱持肯定的關心態度聽對方說話。

③**自我一致**→不明白對方的言下之意時再問一遍，直到搞清楚爲止。

或許也有人覺得，如果只是這樣的話，傾聽並不難。不過一旦實踐就會發現，事情沒有那麼簡單。

在同理對方的心情這一點上，似乎也有很多人以爲「附和」、「重複」對方說過的話就算傾聽了。但光是那樣無法理解對方的心情。

光看傾聽的三要素，也知道爲了建立良好的人際關係，最大的重點莫過於**真心想要了解對方的體貼心情**。

觀察「背景」再採取行動

體貼溝通的**重點在於觀察對方想表達什麼**。爲了釐清看不見的部分，必須要有這樣的力量。

減法文化是日本的傳統藝術，因此日本人才會具備察言觀色的素養。以水墨畫爲例，光靠墨跡的深淺就能表現一切，所以看的人必須具備體察作者意圖的能力。

俳句及短歌也是以極有限的字數來表現意境，因此看的人必須具備能洞察文字背後呈現何種情景的能力。設計庭園也一樣，要以減法的方式來呈現美感。

順帶一提，所謂的「忖度」是意味著察言觀色、猜測別人在想什麼的佛教用語。近年來似乎多半做爲揣摩上意、看別人臉色的意思來使用，但其實是指充分理解之後伴隨而來的實踐。

在商務的世界裡也不能少了洞察力。

談生意的時候，觀察對方的負責人背負著什麼樣的使命來參加這場會議，就能站在對方的立場提案。

「這樣啊，你觀察得如此仔細，提出這樣的方案啊！」

由此才能建立起信賴關係。

要是以為隨口附和、打折就能吸引對方購買、提早交貨就能讓對下訂單而胡亂提案的話，可就大錯特錯了。

最好先把自己的功勞或自家公司的利益放一邊，觀察對方今天之所以出席會議的背景，加以應對。

這樣的工作態度一定能打動對方，並且能從此保持良好的合作關係。

勿希望別人「不幸」

——禪宗的教誨「對方的不幸就是自己的不幸」

看到別人失敗或出狀況時，暗自在心中竊喜——

「別人的不幸就是我的快樂。」

明知這樣的情緒太不道德，但**內心深處還是希望別人過得不好，然後又很討厭這樣的自己，不是嗎？**

「麻煩不是出在我身上，眞是太好了」，就算有這樣的心情，也是人之常情。

但**我認為對別人的不幸感到幸災樂禍的感情，無論如何都會反映出自己的現狀**。

如果自己過得很充實，就能對別人的不幸感同身受，但**如果自己過得不好，可能就會對別人的不幸感到放心**。如果可以，眞不想要自己有希望別人不幸，並爲此感到竊喜的心情。

道元禪師在《正法眼藏》裡說到，「**同事」是很重要的生存之道**。（編按：「初使自己同於他，後則使他同於自己。」）

所謂「同事」是指自己與對方沒有分別，站在對方的立場看事情、想事情。

接觸小朋友時，蹲下來與小朋友的視線高度齊平，用小孩也能理解的詞彙說話吧，「同事」就是那種概念。

當別人發生不幸時，請想起「同事」的概念，應該就能站在對方的立場聽對方說話、與對方溝通。即使無法說出溫情的話語，只要有「同事」的心情就夠了。爲對方著想的心情，會表現在你平靜安穩的表情上。

人都會犯錯

萬一希望別人過得不幸，陷入「我怎麼是這麼無情的人啊～」的罪惡感，該怎麼辦才好呢？

犯錯時，向神佛認錯、悔罪，稱爲「懺悔」。

提到懺悔，或許很多人都會想到基督教，但也有一說是基督教導入了佛教「懺悔滅罪」的教義。耶穌基督有在印度修行的經驗，因此接觸到佛教。

總而言之，只要別犯下必須懺悔的過錯即可，但我們人類是煩惱的生物，一定會造成某種惡業，大概沒有人從小到大都沒有犯過任何錯吧。

寺廟每天都要誦念名爲《懺悔文》的經。

經文的內容是：「我過去所做的一切壞事，都是因我的煩惱而生，而我現在在佛祖面前誠心悔改。」

佛教認爲能發自內心承認自己的過錯即可成佛，可借由佛祖的力量懺悔，因此可以向佛祖祈求「求神憐憫我，助我脫離重重罪惡，引導我走向開悟」。

萬一**發現自己希望別人過得不幸，並為此感到竊喜，請在心中向神佛懺悔。**承認自己的罪惡，打從心底懺悔，讓內心變得清爽乾淨。

第二章

別貪心
「這也想要、那也想要」

欲望與不安都沒有盡頭

——不知足，就無法身心安頓地過日子

如果被問到「你想要錢嗎？」大概沒有人會回答「不要」吧。所有人都會回答「我想要」。

我也不例外。即使身爲僧侶，活在現代社會，沒有錢就寸步難行。

那麼，**如果問你「需要多少錢」**，你會怎麼回答呢？

我猜衡量半天的結果，能答出具體金額的人應該少之又少。只是下意識地覺得愈多愈好，但很難連金額都具體地講出來吧。

我認爲這就是金錢的本質。

因爲**金錢只是手段，而非目的**。只不過在現代社會，錢通常是各種欲望的盡頭，所以就結果而言，每個人都擺脫不了「想要錢」的執著。

一旦開始追逐金錢，就會沒完沒了。

就連釋迦摩尼佛也說：**「即使喜馬拉雅山全部被黃金覆蓋，也填滿不了人類的欲望。」**

人類的欲望就是這麼一個無底洞。

有一句禪語是「知足常樂」。

「只要知道滿足，就能常保安樂」——換句話說，如果不知道滿足，無論再怎麼富足，都無法安心快樂地過日子。滿足每個當下，是感覺幸福的不二法門。

不以金錢為主角的生存之道

以下爲各位介紹建立起億萬財富的人是怎麼過日子的。

蘋果電腦的創辦人史蒂芬·賈伯斯以對禪學非常著迷，並且加以實踐一事廣爲人知，製造的商品全都實踐禪宗「簡單、好用、機能美」的精神。

賈伯斯留下一句話：**「大部分的人都是為了賺錢才開公司，但是因為這麼做而成功的人少之又少。」**

聽說他開發商品時從來沒有做過市場調查，就是做出自己眞心想要的東西——僅此而已。因爲他相信自己想要的東西，就是全世界都想要的東西。

賺錢則是其次，總之一心只想持續做出大家都會喜歡的東西，事業成功、成爲億萬富翁只是結果。

國際牌的創始者松下幸之助創業的初衷，也只是認爲如果能將燈泡的燈座分成兩股，從其中一方取得電源，世人的生活將會變得更方便，結果大獲成功。

努力如果只爲了賺錢，只會讓自己感到痛苦。

別忘了，錢從來不是主角，主角是自己的心。

也有一句禪語是「結果自然成」。

「努力自然伴隨著成果」——不要用利弊得失的標準來判斷事物，先專注於眼前的事。盡力了，就能對結果感到滿足。

“

別想著

「希望大家都喜歡自己」

——再怎麼粉飾太平，周圍的人早已看穿一切

”

每個人都希望大家喜歡自己、認爲自己是好人。但我猜這種心情底下，其實也有希望喜歡的人能喜歡自己的私心。

禪宗的教誨並沒有什麼具體的「討人喜歡的祕訣」，無法教你怎麼做才能讓別人喜歡你。但我認爲只要學會禪宗教我們的生活習慣及進退應對，必能受到大家的喜愛。

禪只是告訴我們，專心一意地從事某件事的模樣很美。

舉例來說，聽到告訴我們春天來到的黃鶯鳴啼時會覺得：「啊，黃鶯的叫聲好動聽呀。」

但黃鶯其實只是無意識地鳴啼，並沒有別的想法，也不是爲了取悅我們。是**我們人類自己覺得黃鶯無意識鳴啼的叫聲很美、很動聽**。

又或者是看到高中棒球隊健兒感覺很爽朗，也是因爲他們打球純粹是爲了自己，才能感動我們的心。

換句話說，**不帶任何「希望別人喜歡自己，希望自己看起來更稱頭」的私心，只是專心致志地追求什麼的模樣最吸引人，也最能打動人心。**

有一句禪語叫「步步是道場」。

意思是隨時隨地都是道場，做任何事都是在修行。請秉持這樣的心情，每一個瞬間都竭盡所能地去努力。

沒有人會不喜歡專心致志、全力以赴的人。

表現出最真實的自己

前面說過，太希望自己看起來好一點，所以有點貪心地「美化」自己是一種「自我」的展現。

如果是寫給不特定多數人看的社群網站，稍微美化一點大概也沒人看得出來。但那只是一時的自我滿足。

在與人實際相處的時候「美化」自己，反而會讓自身陷入困境，因為**「最真實的自己」就永遠無法成長了**。

人要先意識到自己的不成熟，努力改善，才會成長。希望大家都不要偽裝自己，真實地表現出不夠完美的部分，以最真實的自己和別人相處。

有一句禪語是「明歷歷露堂堂」。

這句話的意思是說，眞理無須探索也無須追求，**一切都明晃晃地坦露在陽光下**。

就算與人相處時有些過度美化，但只要是了解你的人，早就知道你眞實的模樣了。

如果是接下來要深交的對象，更要表現出自己眞實的模樣。如果一直美化自己來與對方相處，永遠都無法表現出眞實的模樣，關係大概會變得很流於表面吧。

毫不保留地表現出自己的人，往往很好相處、很容易讓人產生好感。活出自己的風格，就稱爲「明歷歷露堂堂」，這也能爲自己帶來自信。

以「增加一成」爲目標剛剛好

——目標太高通常達成不了

「本季的業績目標是去年的兩倍。開始衝刺吧！」

期初老闆就傳訊息給所有人，信上寫滿了鼓勵員工的話語。

（辦不到吧。）

（這也太強人所難了。）

過高的目標，反而會降低一些員工的士氣。

經營者貪心地訂出不可能達成的目標，其實是希望只要能達成比去年高出百分之一百一至一百二的業績就行了。想當然耳，或許也期待若能剛好碰撞出新的火花就好了。

不管怎樣，**員工不疑有他地想要執行過高的目標，就會太勉強自己**。舉例來說，像是爲了達成目標而把明明列爲下一期營業額的案件，硬生生地插入這一期。

這麼一來，就算本季的業績很好看，下一季的營業額肯定會因此大幅滑落。

如果是業績持續成長的高度成長時代，業績可能咻一下地就上去了，但在現在這個業績低迷的時代，可就會造成反效果。

不只公司，設定私生活的目標也一樣。定出較高的目標，如果能達成固然可喜，**但基本上都無法達成，很容易讓人感到沮喪。**

達成目標的螺旋會讓人成長

「請配合自己的身分地位過日子。」

這是以前就有的生活教訓。要是過度美化，過著比收入奢侈的日子，遲早會入不敷出。還會增加老後的負擔，所以也有所謂的生活建議師，教人怎麼盡可能節儉地過日子。

那麼又該怎麼面對工作呢？

我認爲把目標設定得比自己的身分地位稍微再高一點比較好。也就是說，**假設自己的力量為十，就再往上增加一成，增加到十一剛剛好。**

對於永遠全力以赴的人，光是增加一成就是很大的負擔。但是如果能順利達成目標，自己的負重量就會變大。

接下來以十一爲基準，再以往上增加一成爲目標，這就是達成目標的螺旋以藉此提升向上心，就是眞實意義的成長。

直到昨天還不會的事，慢慢變得會了——這眞是太令人開心了。

有一句禪語叫「一志不退」。

意思是說一旦立定志向，就不能半途而廢，一定要持續努力，直到實現。

也有人說要「胸懷大志（遠大的目標）」，但只要努力，就能達成一個又一個小小的目標，這是毫不猶豫地靠近遠大目標的捷徑，我認為這才是這句禪語要表達的意思。

專注於眼前的「現在」

——一次只做一件事

一秒都不想浪費。

每天被時間追著跑的現代人，大概都這麼想吧。

尤其是剛進社會的Z世代到雙薪家庭，都開倍速看影片、看內容農場的新聞懶人包等，非常重視「時效比」。

所謂「時效比」是時間效率比的簡稱，意指「時間的性價比」，並獲選為編纂字典人遴選的「今年的新詞二〇二三」的新語大賞，被媒體大肆報導。

假如一天能有三十個小時、四十個小時，每個人都想挑戰更多各式各樣的事物，可惜那是不可能的。

並非僅限於現在，同時進行多項作業的「多工」，也曾經是一種蔚為話題的工作法。舉例來說，一面開會一面回信、一面講電話一面查資料，即使在日常生活裡，一面看手機一面用餐、一面看電視一面寫作業等，也都是多工的展現。

職場上，倘若能行雲流水地同時執行多項作業很有效率，或許也更容易與其他相關單位取得順暢的聯繫。

但，這樣**真的有效率**嗎？

大部分我認識的商務人士都不是多工派，而是專心處理每一項工作的單工派。即使要同時進行長期的工作，也是上午專心做A工作、下午再專心做B工作，絕不會在處理A工作的同時想著B工作。

事實上，做事情的那一瞬間永遠只能處理一項工作。所以，專心面對一項工作才是最有效率的做法。

多工的壞處是**每處理一項工作都要切換腦袋，從而產生時間的浪費**。

各位是否也有過專心處理一件事時，萬一被別的事打斷，就得花一番工夫才能回到原本節奏的經驗？多工會一再發生那種切換時間的浪費。

有本事的人都知道這點。

成為「有始有終」的人

有一句禪語叫「喝茶吃飯」。

意思是說**喝茶的時候就專心喝茶、吃飯的時候專心吃飯**。專注於「當下」，是禪宗教義的原點。

因為每次只能做一件事，所以能心無旁鶩地處理這件事。

舉例來說，必須專心做某件事時，一旦想著「週末要和朋友去哪裡吃飯」、「要看什麼電影」，重要的工作就會做得心不在焉，可能會錯誤百出。萬一真的開始用手機查詢有什麼好吃的，那就真的是薪水小偷了。

又或者是週末從事自己的興趣時，若「一想到星期一要開會就覺得好憂鬱啊」，便一點也開心不起來了。

無論是工作還是玩樂，只要夠專心，充實感就會倍增。工作時「專心工作」，玩樂時「專心玩樂」——這才是高時效比的時間使用方法。

讓位給「年輕人」

——如此方可創造幸福的良性循環

公司員工年齡增長，累積了一定的資歷以後，就應該把需要負責任的工作讓給年輕人，但年輕人的成長似乎又難以擔負重任。

人才的新陳代謝，對許多企業而言都是很大的課題。

新進員工看著上司的背影，偷偷學習該怎麼工作的情形已經式微了。以前的學徒想學會工作的意志很強烈，但是在現代社會，年輕人只是被動地等別人來教，說一句才動一下的人愈來愈多。

我稱那些願意主動學習，積極地將學到的東西化爲血肉，從而成長茁壯的人爲**「自家發電型」**，希望別人手把手教自己的人爲**「溫室栽培型」**。

自家發電型的人起初可能要吃一點苦，但只要能徹底學會靠自己「發電」，就能發揮堅不可摧的力量。即使發生意料之外的狀況，他們也能自己思考、判斷該怎麼做、怎麼應付才好。

另一方面，溫室栽培型的人只是站在被動地接收電力的立場，一旦「停電」就會徬徨無助、不知該如何是好。

身爲庭園設計師，我在院子裡種樹時，看過很多人工栽培的樹木和在山上自然生長的樹木，後者往往比前者強悍多了。

只要是在曬不到太陽的地方、缺水等**嚴峻環境也能堅韌生長的樹，無論移到什麼地方，都能長得很好**；但是在溫室裡吸收大量肥料，完全靠人工培養的樹，對環境變化的應變能力往往很差。

企業也一樣。現在培養新人的方法是準備好詳細的訓練手冊、小心翼翼地指導、想盡辦法不讓年輕人經歷太大的挫折，無疑是不折不扣的溫室栽培。

如此一來導致抗壓性不佳的新進員工愈來愈多，只要上司稍微疾言厲色，就會出現排斥反應，聽說還有人直接向人事部投訴，說自己受到上司的職權騷擾。

放手很可怕嗎？

我認爲資深員工之所以凡事親力親爲，遲遲不肯把自己的工作交代下去，是因爲想永遠站在職場的最前線。

但也可能是因爲，不敢把工作交給靠不住的年輕人吧。

即使如此，奉勸各位還是要把工作交給年輕人。

「捨得，才能獲得」是道元禪師說過的話。

這句話的意思是**放開手中的東西其實是一件很棒的事，這樣才能得到更重要的東西**。

因爲人的能力有限，如果太貪心，什麼都不願意放掉，就無法得到新東西。

要放棄自己長久以來建立的工作的確很痛苦，交給靠不住的年輕人或許也令人感到不安。但如果不能戰勝這股痛苦與不安，就無法培養新人，你也無法學到更多、更新、更好的技術。

不知道要不要放手、能不能託付給新人時，不妨想起這句話「捨得，才能獲得」。

不知該如何是好時，其實是你已經做好準備往前跨出一步了。

有些事不用搞得太清楚

——不分出青紅皂白也是體貼的表現

「我會積極地處理。」
「請讓我思考一下。」
在職場上，無法當場下判斷時，經常聽到上述的回答，也往往出現在政治人物的發言裡。
這是很常見的對話，但是**基於合約精神做事的歐美人，就很討厭這種含糊其詞的表現手法**。
「我會積極地處理」，確實同時有「建設性處理」這種積極的意思，與「盡量努力」的消極意味。上班族或政治人物說出這句話的時候，多半給人後者的感覺。
「請讓我思考一下」也是，比起「積極地考慮」，「雖然很困難，但我還是回去想一下好了」的意思更明顯。
爲什麼不把話說清楚呢？
並不是因爲我們沒有意見或無法決定，只好說得含糊其詞。
自古以來我們就是非常重視「以和爲貴」的民族。即使無法接受對方的要求，也覺得直接拒絕會很失禮，基於尊重對方，才會含糊其詞地帶過。因此我認為這種曖昧不明的態度不見得不好。

「不分出青紅皀白」、「接受灰色地帶」，與佛教基本的教義「中道」的想法有異曲同工之妙。

曖昧與寬容是因為不想傷害對方、不願將對方逼入絕境的體貼。

但是在國際化的潮流推波助瀾下，我覺得清楚地表明yes or no的人也愈來愈多了。這也是現代人需要的溝通能力，但**如果所有場合皆以這種一定要分出青紅皀白的態度去面對，就無法與對方保持圓融的關係。**

允許彼此都有不同的背景

有一句禪語是「兩忘」。

這句話是**好也好、壞也罷；喜歡也好、討厭也罷，全部都忘掉的意思。**

不是非黑即白的二元論，只要別被某種單一的價值觀綁架，就能看見原本看不見的東西。

你認爲「這是對的」的事，眞的正確嗎？這裡有一個很大的前提，「正確解答」會依時代及場所而異。重點在於冷靜地接受事實。

今日，承諾多元化（Diversity）已成企業的常識。所謂多元化是指各式各樣的民族、性別、性取向等，人們來自各式各樣的背景，彼此包容、尊重這些差異。

即使意見不同，也不要想徹底地扳倒對方，有雅量大方地承認對方的優點也很重要。

佛教是以「尊重每個個體」爲宗旨，具有高度的多元化思想與親和性。

珍惜自己的人
也會珍惜對方

——反之不然

任誰都有想走在別人前面的心情。

上下班走在路上時，明明不趕時間，卻爲了追過走在前面的人，不自覺地稍微加快了腳步。

我們一生下來就活在競爭社會裡，所以自然而然地種下了想搶先別人一步的心情。

所以**一旦落後別人，內心就會動搖**。誤以爲自己不行，嚴重的時候還有人會陷入討厭自己的迴圈。

以「禮讓」爲本書的主題，也是因爲希望各位了解，**與其凡事爭先，不如離競爭遠一點，只要擁有禮讓別人的心情，就能更愛自己**。

能喜歡自己的人，也能喜歡對方。一旦喜歡上什麼東西，自然就會珍惜。

舉例來說，喜歡自己的人會很重視「健康管理」。要是因爲太忙就不吃午餐或沒日沒夜地工作、夜夜笙歌地參加聚會，一定會把身體搞壞。年輕時還能靠體力撐過去，可是隨著年齡增長，恢復力會變差，疲勞也遲遲無法消除，甚至還有可能生重病。

即使再忙，也要好好地吃飯、不連續加班，讓肝有時間好好休息等，請徹底地做好自我管理。

能做好自我管理的人，基於自己的經驗，也會爲別人著想：「差不多該休息一下囉！」、「你已經連續加了好幾天班，今天就準時下班吧。」

另一方面，總是勉強自己的人，即使部下已經累得不成人形，也會視而不見地說：「還可以再加一把勁吧。」萬一部下因此累倒了，還會很驚訝地說：「咦，怎麼會這樣？」

留意微小的變化

我認爲日常生活中的例行公事，對於珍惜自己很有效果。因爲只要**重複每天決定好的行為及動作，就能留意到微小的變化**。

以我爲例，每天早上在佛祖跟前做早課，已經成爲健康管理的量表。已經持續了五十年以上，幾乎每天都要進行這項晨間的例行公事，從不間斷。因此我從

早上開嗓的第一聲，就能知道今天大致的身體狀況。

假如聲音響亮通透，就會覺得「啊，今天的狀況還不錯呢」，如果覺得喉嚨有點沙啞，則會覺得「哎呀，今天得小心一點」。

另外，早餐吃梅乾時，如果覺得太酸，那天的身體狀況通常不太好，味覺變鈍也是身體狀況不太妙的證明。

能留意到自己微小的變化，也能注意到別人的變化。

能關心別人：「你今天的聲音帶點鼻音呢，小心點比較好喔！」、「你的臉色看起來不太好，是不是身體不舒服？」

不僅如此，還能注意到「啊，你今天的領帶好好看啊」這種貼心的小事。

吃虧積「德」

——遲遲無法踏出第一步時該怎麼辦？

想開始做點什麼新嘗試，卻遲遲不敢踏出第一步，即使知道不該爲此停下腳步，惶惶不可終日，卻依舊沒有勇氣踏出第一步。

歸根究底，我認爲是**害怕萬一失敗，可能會產生金錢、時間、勞力的損失**。

以企業經營爲例，即使覺得只要投資有潛力的事業，大概能提升公司的業績，卻對眼前的數字耿耿於懷，無法下定決心投資。

如果老闆自己就是董事長，或許能鼓起勇氣做出決斷。但如果是受雇的董事長，因爲不希望在自己的任內出現損失，大概會流於暫時維持現狀，直到交棒給下一任。

至於私生活，爲將來著想，即使想學習英語會話，也可能因爲學費太貴或工作太忙的理由而裹足不前。

有一句俗話是「吃虧積德」。

這句話的意思是爲了將來能獲得巨大的利益，不在意眼前較小的損失，從長遠的角度來看事情。

並不是說作為成功的引子，一開始一定要吃虧，只要想通起初花費的金錢、時間、勞力都是爲了將來的投資，就能鼓起勇氣踏出第一步了。

我很希望「吃虧積德」的心情能在社會上推廣得更為普及。不是得失的「得」，而是功德的「德」。不只爲了自己，爲別人、爲社會積極向上的態度，應該能創造出更美好的社會。

看準時機，鼓起勇氣

從事新的嘗試，需要付出相對的動力或勞力。因此「就是現在！」的時機非常重要。

以汽車產業爲例，新世代的主流將會是電動車（EV）、燃料電池車（FCV）、還是天然氣車（CNG）呢?確定研發方向的時機，將左右公司的命運。

就連我擔任住持的建功寺，也曾爲什麼時候要改建本堂傷透腦筋。想等存到資金再說，但如果物價不斷高漲，存下來的錢根本追不上物價的漲幅，等再久也無法改建，只能眼睜睜地看著建物愈來愈老舊。

我們也需要信眾的一臂之力，所以比起景氣不好的時候，選擇整個社會都往上走的時機很重要。最後是我這個住持決定「就是現在！」的時機。總算找到還不錯的時機，順利地完成本堂的改建。

一旦能看準「就是現在！」的時機，就要鼓起不怕失敗的勇氣，迎難而上。這時只能懷抱著積極進取的夢想，勇於前進。

有一句禪語是「不動心」。

意味著「泰山崩於前也能面不改色」的不動明王的精神。

下定決心後，就算遇到一些困難，也要以絕對能克服的氣魄投注全心全力，採取行動。

第三章

別「快點、快點」地焦慮

別違背「天時地利人和」

——猶豫不決會讓機會溜走

與人相遇、與工作相遇、與物相遇——

人生在世，有數也數不清的相遇。

佛教稱所有的相遇都是「因緣」，也就是我們平常在聊天時說到「緣分」經常聽到的這些話：

「要是有緣，希望能再見面。」

「感謝上天賜的善緣。」

「放棄吧，就當跟那個人沒緣分。」

說到「因緣」，通常會覺得好像是累世的宿命，也通常用在不太好的地方，像是「宿命的對決」、「宿命的緣分」、「地緣關係」等，但本來不是這樣的。

所謂的因緣，是指**產生某項事物的直接原因（內因）**，**與協助那項事物發展的間接原因（外緣）**。也就是說，存在於人世間的一切，都有著千絲萬縷的關係。

打個比方，因爲在同一家公司上班而認識、結婚的情侶，並不是因爲純粹的偶然，而是受到那家公司風氣的吸引，才會選擇同一家公司，因爲工作態度或興趣剛好有情投意合的要素才會結合，這便是由神佛促成的緣分。

一期一會的良緣

「好不容易遇到想做的工作，但是因爲規模太大，有點嚇到。」

「好不容易找到理想的物件，才猶豫幾天就被買走了。」

任誰都有過以上的經驗吧。

所謂的「緣」是由時間與地點、天時地利人和構成。有時是良緣，有時是孽緣。

只要覺得是機會，就是良緣。

如同「機會不等人」的格言所示，一旦錯過機會，通常就不會再有第二次了。正所謂「一期一會的良緣」。

也就是「天時地利人和」。

那麼當機會來了，該怎麼做才好呢？

「如何？想不想挑戰看看？」當機會來臨，千萬不要猶豫，放下一切也要勇於挑戰，然後專心一意只做這件事。

如果覺得那不是「一期一會的良緣」，就果斷拒絕。心不甘、情不願地去做也不會成功，表示那件事跟你沒有緣分。

不可以感嘆「美好的緣分才不會輕易從天上掉下來」。**為了召喚一期一會的良緣，必須隨時做好準備**。

如前所述，世間萬物都有著千絲萬縷的關係，因此要隨時做好心理準備，持續努力，做好緣分隨時降臨都能接住的準備，神佛一定會把緣分送到這種人手上。

正所謂「善因善果、惡因惡果、自因自果」，這三句話的意思是**種善因得善果、做壞事就會發生不好的結果、以及自己做的每件事都會回到自己頭上**。因緣就是這麼回事，請把這句話牢記在心。

別站上「同一個擂台」

——別人是別人，自己是自己

同事的工作效率很好，同時進公司的那傢伙比自己先當上主任——**現在是講求速度的社會，工作也好、出人頭地也罷，萬一起步比別人慢，我想很多人都會因此感到不安**。不只工作及出人頭地的速度，判斷及行動也都開始追求速度。有時候，自己只是稍微退一步，對方就得寸進尺地一直往前走的情況也屢見不鮮。

因此會偷看隔壁同事的樣子，若發現對方的工作效率有如行雲流水般順暢，自己就會因此開始感到焦慮。

工作的方法因人而異，因此除非是極端落後，否則不需要在意些微之差。人們心裡也很清楚，但只要稍微比別人落後，就會感到惴惴不安。

之所以如此在意速度，是因為總在和別人比較。只要沒有比較的對象，就不會感到焦慮了。不用左顧右盼，只要依自己的步調、以自己可以接受的做法前進即可。

就算上司綿裡藏針地說：「你跟大家不一樣，做事好仔細啊。」也只要笑著回答：「就是說啊，我這個人比較重質不重量。哈、哈、哈！」一笑置之地帶過即可。

即使在相同的時間內可以完成的工作量比較少，只要細心地做到萬無一失的地步，必能博得好評。速度再快又怎樣？若是錯誤百出的不良品，砍掉重練反而更花時間，而且不只細心，如果能再加入別人做不到、只屬於自己的巧思，風評還會更好。

簡單一句話，就是**不要跟別人一起站上「速度」這個擂台**。只要站在自己的「品質」這個擂台上，默默地工作就好了。一定會有人喜歡你的個性。

成為主角

事實上，**人類只能依「自己的步調」發揮能力**。這點只要回想成功體驗就知道了。

考過幾次試、考過的入學考，應該能不慌不忙地以自己的步調來解答。應徵公司時通過的面試，大概也是能冷靜沉著地以自己的步調回答，沒有被會場的氣氛嚇跑。由此可知，**只要依「自己的步調」來做事，就能發揮得更好**。

說到「別跟對方站在同一個擂台上」，較勁也是同樣的道理。

好比朋友買了一個新的名牌包，萬一陷入「好羨慕啊」的心情，勉強自己也買高級名牌包，就是站上同一個擂台了。

又或者是子女的朋友開始學小提琴，也讓自己的小孩去學小提琴等，根本沒考慮到孩子喜不喜歡拉小提琴，就站上同一個擂台，是一件很荒謬的事。

「主角」其實是一句禪語。

一般都以爲主角是「故事的中心人物」，**但在禪的世界裡，主角其實是指「本來的自己」（真正的自己）**。意思是指「沒有一絲汙點，與生俱來純粹的心」。**禪僧修行都是為了遇見自己內心的主角**。

成爲自己的主角，別站上對方的擂台，以自己的步調生活即可。

忙碌時更要感受
「季節」的變化

——喘口氣，再出發

「啊，處理如雪片般飛來的工作，一年就過去了。」

「回過神來，又一年結束了。時間過得也太快了……。」

長大後，總覺得一年的時間一轉眼就過去了，這不是一種錯覺，**「賈內法則」**可以從心理學的角度說明這個現象。

賈內法則是指**「在人生某個時期感受到心理上的時間長度，與年齡成反比」**。也就是說，長大成人後，因爲新的體驗減少，能留在記憶裡的東西變少，所以會覺得時間過得比較快。

若每天以相同的節奏工作或做家事，或許會覺得時間過得更快。

對時間的感知能力是一回事，倘若每天周而復始地做相同的事，也有人會覺得這樣的人生很無聊吧，或許還擔心自己該不會都沒有成長。

對於那些每天爲工作疲於奔命的人，和每天生活一成不變的人，諮商師會建議最好擁有工作以外的興趣或存在價值。

我則建議**為日常生活加點具有季節感的微小變化**。

試著參與季節性的活動

每個季節都有各式各樣的儀式或活動。在生活中導入諸如此類的儀式和活動，可以讓日常生活變得張弛有度。

舉例來說，有一句禪語是「瑞氣滿堂春」。

所謂「瑞氣」是指值得慶賀的心情。意思是說**在新春的早上打開窗戶，讓室內充滿清淨的風，讓心情變得清新**。過年期間還會把寫了這句話的畫軸掛在茶室等處。

日本「立春」前撒豆子驅鬼的「節分」，大家都以爲是二月，但「節分」本來是指四季的節點，分別是「立春」、「立夏」、「立秋」、「立冬」的前一天。

另外，夏日尾聲的「立秋」前，爲了防止中暑，日本也會在「土用丑之日」吃鰻魚，因此名聲大噪的「土用」**本來也是指季節接近尾聲那十八天**。最近除了立秋前以外的土用丑之日，也有些超級市場或百貨公司會賣鰻魚。

除此之外，也有來自中國的「五節句」。

一月七日是「人日節（七草節）」、三月三日是「上巳節（桃之節）」、五月五日是「端午節（菖蒲節）」、七月七日是「七夕節（七夕祭）」、九月九日是「重陽節（菊之節）」。中國認爲奇數重疊的日子是幸運日，而新年的第一天，也就是一月一日極爲特別，因此才另以一月七日爲「人日節（七草節）」。

春天和秋天各有一次「彼岸」，是讓人感受到季節感的佛教儀式。以「春分之日」和「秋分之日」爲中間的前後三天，加起來一共七天。還有，迎接祖先的靈魂回來供養的盂蘭盆節，也是佛教的儀式。

以讓人感受到四季更迭的角度來說，「換季更衣」也是非常好的傳統習慣。

近年來，愈來愈感受不到氣候變遷及季節遞嬗了。正因如此，**不著痕跡地選擇能感受到四季顏色或款式的衣服，也能為日常生活帶來一點刺激。**

善用「就寢前」的時間

——這是讓自己不慌不忙最好的方法

大家每天早上都能神清氣爽地起床嗎？

我每天早上四點半起床，做早課前會先構想寫作或庭園設計的點子、做點園藝工作。

能否迎接愉快的早晨，完全取決於怎麼度過就寢前的時間。

我會提醒自己**在就寢前為那一天畫下句點**，亦即向佛祖報告。

「我對犯錯的弟子好像太嚴厲了，明天開始要用愛語跟他說話。」

「我對客戶的說明不足，下次要更仔細地向對方說明。」

想當然耳，也會報告自己做得好的地方。

「客戶感謝我把他們家的庭院打點得很漂亮。」

「今天的演講完全符合主題，表現得很好。」

回顧今天一整天發生的事，向佛祖報告。不是在本堂，而是在住處的佛壇前，雙手合十，時間只有短短的兩、三分鐘。**就寢前整理腦中的思緒，讓心情變得毫無罣礙，就能睡得又香又甜。**

或許有人覺得就寢前想起今天發生過的不愉快，反而會沉溺在悶悶不樂的心情裡，因此輾轉難眠，事實並非如此。不只是回想，而是**針對應該反省的點做出結論，「明天開始就這麼做吧」**。清算一整天下來發生過的事。

回顧一天不只有助眠的效果，也不會重蹈覆轍，把成功的體驗深刻地留在記憶裡。

一大早就做好整天的計畫

能幹的商務人士自不待言，每天活得生龍活虎的人，都能徹底管理好自己的行程。應該也有很多人精準算出作業及活動的預定時間，製作「待辦事項清單」。

能照計畫完成工作固然可喜，但事實上很難事事如願。要是無法按照原訂計畫進行，就會來不及，便會因此感到焦慮，也容易犯錯。

我每天早上都會進行「預料今天會發生什麼事」的作業。

早上醒來馬上在佛壇供上香氣四溢的茶和線香，雙手合十，感謝佛祖讓我平安無事地迎接每一個早晨，然後向佛祖報告今天一整天的計畫。

那並非詳細的計畫，差不多只有「上午要在哪裡做什麼、下午有客人要來，然後要寫作」這樣的程度，藉由向佛祖報告當天大致上的規畫，在自己的腦海中整理今天要怎麼過。

這麼一來，**即使有很多非做不可的事，忙得不可開交，內心也能保有餘裕，即使計畫趕不上變化，也比較不會驚慌失措。**

貫徹自己的步調

——這個世界也需要不隨波逐流的人

「你眞是我行我素啊。」

當主管或同事這麼說時，請問你做何感想？

應該很少人會認爲這是一句讚美的話吧。

聽到「我行我素」這個形容詞，大概只會產生「只顧自己，不管別人死活」、「不守時」、「不知變通」、「龜毛又頑固」、「訊息或LINE回覆得很慢」——諸如此類的負面印象。

不考慮周圍的狀況，自私自利地只顧自己的行爲等欠缺協調性的我行我素，的確給人負面的印象。

但「我行我素」眞的只有負面的行爲嗎？**只要能堅持自己的步調，同時又配合周圍的情況，其實是一種幸福安康（well-being）的狀態。**

以下列舉一些「好的我行我素」之人的優點。

「不在乎周圍的意見」、「具有卓越的判斷力」、「總是能保持冷靜」、「能以自己的步調做事」、「生性樂觀，永遠都能積極向前」、「即使只有自己一個人，也能發揮實力」……。

只要能不慌不忙地以自己的步調過日子，人生應該就能過得更輕鬆。

如何將「我行我素」變成自己的優點？

能活躍於第一線的人通常都很我行我素。

前面說過「人只能依自己的步調發揮實力」，從好的角度來說，我行我素的人通常能表現得更好。

不妨試著思考，如何將我行我素變成自己的優點。

首先，我行我素的人不喜歡被催促「快點、快點」，但只要給予這種人一定程度對時間的裁量權，他們就能表現得很優秀。

因爲他們知道該怎麼做才能發揮自己的實力，正所謂「如魚得水」。

假設主管交代：「請在三天後完成這份報告。」不妨試著鼓起勇氣拜託主管：「請給我一週的時間。」只要能不慌不忙地以自己的步調工作，應該能交出更完美的報告。

如此周而復始的過程中，大家就會知道你真正的工作能力。

首先，我行我素的人很容易給社會大眾不懂得察言觀色、破壞和諧氣氛的印象，**反過來說，這種人也有不拘小節、樂觀進取等正面形象**。

當職場上發生意料之外的狀況、氣氛變得劍拔弩張，這種人不會驚慌失措，也不會隨波逐流，反而能冷靜地做出判斷，是**關鍵時刻非常值得信賴的存在**。

「自燈明，法燈明」是釋迦牟尼佛祖說過的話。意思是指相信自己，遵循佛教永生不滅的教義活下去。

換句話說，**釋迦牟尼佛祖是要我們「靠自己的意志活下去」**。

這才是幸福的生存之道。

「先」苦「後」甘

——這是讓心情變得遊刃有餘的前人智慧

直到最後一刻才開始緊張，可說是人之常情。每個人的心中都潛藏著怠惰的心理，因此**會不由自主地往輕鬆、對自己有利的方向前進**。

可是當年關將至或交期迫在眉睫，不由得心急如焚，事情有時候還會變得窒礙難行。

爲了不手忙腳亂，盡可能提早著手，留有餘裕，就算過程中發生任何事也能泰然處之，方爲上策。

中國宋朝的政治家范仲淹說過一句話：「先憂後樂。」

這句話是在表述爲政者的心得，意指「身爲優秀的爲政者，對於國家大事必須先天下之憂而憂、後天下之樂而樂」。後來引申爲**「先苦才能後甘」**的意思。

「距離交期還有十天。三天就能完成這項工作，所以下個星期再開始也無妨，應該來得及。」

人很容易產生上述的念頭，不急著處理，但是誰也不敢保證不會發生突發狀況。說得邪門一點，愈是這種時候愈有可能發生突發狀況。因此請趁早開始，把時間抓得鬆一點。

絶大部分的工作，一開始都是最需要勞心勞力的時候。如果是第一次經手的工作就更不用說了，應該先苦後甘。

我猜也有人總是要被逼到絕境才能發揮實力，但是等到火燒眉毛才處理意想不到的狀況，就變成「先樂後憂」了。

與自己約定

以我爲例，經常要同時處理許多工作，很清楚萬一事情擠在一起，到時候會變得很慘，因此我隨時提醒自己「能先做的事就先做，別拖延」。

這是爲了避免怠惰心萌芽的「與自己約定」。

會產生怠惰心的人是自己，所以能管理自己的人也只有自己。

工作能拖就拖的人、不容易產生幹勁的人，都是因爲認爲「還有明天」。說得極端一點，如果是來日無多的人，絕對不可能這麼悠哉地做事。

誰也不敢保證明天一定會來臨，唯一能確定的只有「我，現在，活在這裡」。

「而今」是一句禪語。

意思是重點在於「現在」這個瞬間，只有「現在」能做該做的事。**拖延，輕賤了應該珍惜的「現在」**。

工作也好，家事也罷，就算覺得再麻煩，只要不管三七二十一地先做再說，其實很快就能完成。踏出第一步固然不容易，但只要克服怠惰的心理，接下來就輕鬆多了。

成爲「懂得失敗」的人

——成功人士轉換心情的方法

明明很努力了，卻看不出半點成果。

因爲做不出成果而焦慮，一心只想著下次一定要做出結果來，結果愈想愈焦慮，落入空轉。一旦陷入這種惡性循環，就很難跳脫出來了。

事與願違時該怎麼辦呢——大部分的人會採取以下兩種方法。

一是害怕更進一步的失敗而變得消極。爲了追求變化，一定要踏出第一步才行，卻做不到。

另一種方法是毫無根據地產生下次一定會做出結果的自信，更加努力。無奈努力半天只是白費，從而陷入更深的惡性循環。

無論選擇哪一條路，都無法逃離惡性循環。

那到底該怎麼辦才好呢？

陷入惡性循環時，只要做一件事，那就是**暫時停下腳步**，思考爲何會事與願違。

大部分的人都只顧著焦慮，而不檢討失敗的原因。

事實上，回憶失敗的確很痛苦，或許只想馬上忘記，再也不要想起來。但如果不明白失敗的原因，即使繼續前進，也只會重蹈覆轍。

根據我的經驗，不可能每一個過程都做錯。**幾乎都是明明已經做對了九成，卻在某個環節做出錯誤的判斷或採取錯誤的行動**。

因此只需暫時停下腳步，釐清失敗的原因，就不會再犯相同的錯誤，重點在於不二過。

一旦遇到與失敗時同樣的狀況，請敞開心胸迎難而上，「我準備好了，來吧！」好好地面對。只要能克服失敗，就能建立自信。

能將失敗化為成長契機的人

有一句禪語是「七走一坐」。

意思是指**「跑七趟就要停下來坐一次禪，重新審視自己」**。

這句話是爲了告訴我們「休息」有多重要，**同時也是勸戒我們「遇到挫折的時候要暫時停下腳步，搞清楚原因」**。

在職場上應該有很多人都認爲沒有時間停下來回顧過去，這大概也是因爲不想回憶起「失敗」的過去吧。但是如果不搞清楚失敗的原因，就會重蹈覆轍。

「失敗是因為放棄才會失敗，只要能堅持到底就會成功。」

不必引用創立松下電器（現在的國際牌）的松下幸之助的名言也知道，失敗乃成功之母。反過來說，當我們陷入一再失敗的惡性循環，其實已經成功在望也說不定。

別催對方

——「明明可以更快完成」是怒氣的源頭

你是否曾因爲便利商店或超級市場的收銀、車站的售票機等機台前，別人的動作慢呑呑而火冒三丈呢？

如果是老人家因爲不得要領而動作太慢，拚命想拿出錢包裡的零錢，或許還能稍微忍耐一下，但如果是年輕人不顧後面大排長龍，還邊玩手機邊拖拖拉拉地付錢，肯定會令人怒火中燒。

若聽到排在後面的人破口大罵「動作快一點！」、「在磨蹭什麼！」自己也有同樣的心情，所以會覺得有人替自己發聲眞是太好了。

有時候會像這樣瞬間對發生在眼前的事做出反應，可是如果挨罵的對象是老年人，**可能會覺得沒必要說得那麼狠，產生惻隱之心，甚至覺得有些歉疚**。希望自己能在心情上更遊刃有餘一點、對人更溫柔一點。

像這種時候，可以觀察那個人「爲什麼動作這麼慢？」

只要覺得能從老人家或年輕人身上學到點什麼，就不會生氣了。

自己也會老，既然看了別人的前車之鑑，將來可以在輪到自己結帳前先拿出錢包，或是在排售票機時先準備好零錢。也可以把年輕人玩手機的行爲當成反面教材，提醒子女別成爲這樣的人。

不要氣昏頭

經常用「腦充血」或「氣昏頭」來形容「憤怒」，但這可不只是單純的比喻而已。

實際上，當人陷入憤怒與激動狀態，血液循環會變得急促、供給過多氧氣給大腦，導致判斷力失常，無法客觀地看待事物。

佛教認為「憤怒」是心靈受到毒害的狀態。

煩惱的根源是「貪、瞋、癡」的「心之三毒」，其中之一的「瞋」就是指憤怒與憎恨。

對眼前發生的事產生憤怒的情緒時，請有所自覺「我的心現在正受到毒害」。然後將注意力集中在腹部，告訴自己「別氣昏頭，要把這股情緒壓在肚子裡」，不妨慢慢地深呼吸兩、三次。

失。

腹部指的就是丹田（肚臍以下的地方）。深呼吸，憤怒的情緒也會自然消

二〇二〇年去世的曹洞宗大本山總持寺前住持——板橋興宗禪師，曾經提供將怒氣壓抑在腹部的方法如下：

「萬一怒火中燒，請先深呼吸，然後誦念『咒語』。我的咒語是默念『感激不盡』三次。」

聽到這句話，我也有樣學樣地照做。

請決定一句最適合自己的「咒語」。

「別在意、別在意、別在意」、「放輕鬆」、「沒問題」……就會發現心情平靜下來了。

別從「優劣」的角度思考

——這是消除焦慮的最大智慧

「好好噢」、「眞令人羨慕啊」……。

任誰都有「羨慕」別人的心情，這是身爲人類極其自然的感覺。

倘若這股「羨慕」的情緒是「自己也想變成這樣」的積極心情，就能成為讓自己更上一層樓的成長動力，但要像這樣讓「羨慕」變成積極向上的心情並不容易。

大部分的情況就像「外國的月亮比較圓」這句話，羨慕別人的背後是看輕自己的現實，不是嗎？

「好羨慕含著金湯匙出生的她。」

「眞羨慕他有出類拔萃的才華。」

「他總是能接到開心的工作，好好啊。」

倘若能在心中控制好羨慕別人的心情，就能過平靜的日子。

可是，若「羨慕」的情緒加劇，變成嫉妒、甚至演變成憤恨不平的心態，會影響到人際關係。

有一句禪語是「莫妄想」，意思是要我們別妄想，妄想泛指束縛內心的一切，意味著**「別一直想像那些想再多也沒用的事，為此耿耿於懷」**。

與其觀察別人，不如深入地審視自己

禪宗嚴厲地勸戒我們不要跟別人比較。

羨慕別人的心情過於強烈的人，多半是對自己沒有信心的人。太在乎別人的評語，只要一個微不足道的失敗，就會喪失自信。

明明不是沒用的人，卻有喜歡跟別人比較、覺得自己很差勁的「壞習慣」。

有羨慕別人的「壞習慣」的人，很容易從「優劣」的角度來判斷事情。

奉勸這種人**請不要從優劣，而是改由「差異」來看事情**，並且好好地享受那些差異。

「聽說他買了新車。而我至今仍深愛著十歲高齡的老爺車，完全不一樣呢。真有意思！」

「她的英語好流暢。我只會講幾個單字，但與外國人交流還是很開心。雖然截然不同，但都很有趣！」

「好多人都喜歡她。我則喜歡好多人。這點完全相反，眞好玩！」

當你覺得跟別人不一樣的地方很有趣時，應該會發現自己擁有別人沒有的優點。羨慕別人的你，看在別人眼中，其實也過得很幸福。

差異是一種個性，也是很有魅力的迷人之處。

「如何成爲對多元化很寬容的社會」是現代社會的一大課題，大家都要有「發揮個性」、「尊重個性」的想法。

從玩味的角度看待自己與他人的差異，是消除焦慮的最大智慧。

第四章

別逞「無謂的威風」

分散怒氣

——把憤怒的情緒留在肚子裡

說到「逞威風」，政治家的粗話或失言經常引起軒然大波。過去吉田茂首相在國會中回答質詢時，曾經一時怒火攻心，脫口而出「混帳東西！」的粗話，結果被逼到解散國會。

「性急會吃虧」——以前經常用到這句諺語，意指性子太急躁只會讓自己蒙受損失，藉此引以爲戒。

即使不是那種「一點就著」的人，應該也有過心浮氣躁，說出不該說的話，而惹惱別人的經驗吧。正所謂「性急會吃虧」，這句話眞是一針見血。

已經說出口的話，無法像鉛筆寫的文字那樣，還能用橡皮擦擦掉。粗話或失言會永遠烙印在聽的人心裡，所以心亂如麻的時候更要小心說出口的話。

佛教告訴我們，**別讓憤怒的情緒上頭，要盡量把怒氣壓在肚子裡。**如前所述，將意識集中在腹部，慢慢深呼吸，如此一來，憤怒的情緒自然而然就會消失。所以**火氣上來時千萬不要立即反應，多給自己一點緩衝的時間。**

不要因爲一時的情緒衝動就貿然採取行動、急著做出結論。

爲了有效地管理情緒，有一種由憤怒（anger）與管理（management）這兩個詞彙合成的憤怒管理訓練，據說具有巧妙地分散怒氣、預防生氣的效果。

各種憤怒管理訓練中，我特別推薦**「六秒法則」**。下意識感到憤怒，其實只是一種情緒反射，所以請不要立刻發言，間隔六秒再開口的話，就能減少粗話或失言的機率。

這與佛教的教義一樣，**是最常用來避免「應付刺激」狀況的手段**。

科學也認同「坐禪」的效果

「火大時先深呼吸」——即使想這麼做，實際上也經常沒來得及深呼吸就先出口傷人了。

爲了讓自己養成先深呼吸的習慣，我建議的**「簡單椅子坐禪法」**。

釋迦牟尼佛也是因爲坐禪悟道才創立佛教，從此以後，坐禪就成爲佛教的修行之一，歷時長達兩千數百年，如今更是成爲一種讓心情煥然一新的顯學。因爲**可以讓躁動不安的心情平靜下來，因而備受矚目**。

以下是簡單的椅子坐禪法。

①淺淺地坐在椅子上，離椅背有一段距離，以挺起腰桿的概念抬頭挺胸。膝蓋的角度呈九十度，雙腿的腳掌緊緊地貼住地面。雙手放在肚子前面結智慧手印。視線落在一點五公尺前的地板上。

②意識集中在丹田（肚臍底下七點五公分處），盡可能慢慢地、長長地、深深地呼氣和吸氣。

③做三分鐘到五分鐘。一天可以做好幾次。

心與呼吸連動。持續進行簡單的椅子坐禪法，慢慢就能學會用丹田呼吸，**平常也能好好地呼吸，保持心靈的平靜**。

坐禪的丹田呼吸能提高副交感神經的作用，放鬆心情，促進血清素的分泌，血清素又稱「幸福荷爾蒙」，具有降低不安或壓力的效果，這點在科學上也已經得到證明了。

思考前先「道歉」

——這是保持良好人際關係的祕訣

再怎麼小心翼翼，人也不可能做到十全十美的地步，一定會犯錯。

犯錯也有千奇百怪的類型。

最常見的大概是「不小心犯錯」。隨著年華老去，「啊，不小心忘了！」的錯誤會產生變化，沒看到或聽錯等「會錯意」也會增加。

以爲萬無一失，但還是「判斷錯誤」的話，一定會失望透頂吧。

如果是自己的疏忽造成「混水摸魚或敷衍了事的失誤」，就沒有辯解的餘地。

我認爲反省自己過去犯下的錯，搞清楚到底是哪種錯誤比較多，是能有效避免犯錯的方法。

另外，自己犯錯時，如果給人添了麻煩，道歉的方式也很重要。因爲道歉將如實地展現那個人的人格。

萬一犯錯，一定要第一時間道歉。這是鐵則。

「對不起」、「眞的很抱歉」、「給大家添麻煩了」。

道歉的台詞再老套也所無謂，一定要馬上低頭道歉。

只要誠心誠意地道歉，就能保持良好的人際關係。

如果沒有馬上道歉，隨著時間過去就會愈來愈不想道歉，也會給對方留下不好的印象：「爲什麼不馬上道歉？」**道歉的有效期限是「現在、立刻、馬上」**。

有一句禪語是「前後際斷」。意指不要爲過去感到後悔、不要擔心未來、對現在該做的事全力以赴。現在已經無法改變過去發生的事了。因此請**馬上道歉，斬斷過去，專心處理眼前該做的事**。

無法老實承認錯誤的人

不管是在公司還是家裡，總有人不願承認自己的錯誤。**被添麻煩的人會油然而生「此人為什麼不肯道歉」的不悅心情**，周圍的氣氛也會變得很尷尬。

不肯道歉的理由琳琅滿目。

「在自尊心作祟下不想道歉」、「不想承認自己的過失」、「不覺得自己有錯」、「沒想到應該要道歉」、「認爲對方也有錯」、「其實想道歉卻錯失良機」、「擔心要負責任」、「怕自己失去立場」……。

過去的上司及家長是不願意道歉的代表。最近因爲美國動不動就打官司的社

會，反映「道歉會吃虧」的風氣，即使是年輕人，願意馬上道歉的人也愈來愈少了。

不肯道歉的人往往會拖住自己成長的後腿，因爲錯失了好好反省的機會，很容易重蹈覆轍。

前面說過，要把憤怒的情緒留在肚子裡，別失去理智。道歉也一樣，**一旦覺得「啊，我做錯了」，就要馬上道歉：「對不起。」**

萌生「怎麼辦」的心情，就會產生「自己會失去立場」、「道歉會不會讓對方得寸進尺」、「太丟臉了」、「有沒有辦法蒙混過去」等自保的想法，錯失道歉的良機。

別以「好惡」來判斷

——如此一來便能看到對方的「優點」

在電梯前與不對盤的上司狹路相逢，雖然還是笑著打招呼：「啊，您早。」但一早就遇到討厭的人，心情還是很糟吧？想當然耳，打的招呼也不是出於眞心。

然而，倘若那位上司不僅說：「○○，早安。」還在電梯門打開的瞬間笑著讓你先進去，你是什麼心情呢？

會不會覺得原本一直很難相處的上司變得好相處了？

自己認定的好惡，通常只看到對方的表面。

如果覺得「我不喜歡這個人」，對方通常也不會喜歡自己，所以雙方的關係會變得很生疏。

像這種時候，**若能主動拋開不喜歡對方的成見，相處起來就會變得很順利**。

從前述上司的例子也看得出來，主動「退讓」能讓對方卸下緊閉的心防。

「○○課長，早安！今天好熱啊。」

只要坦然地跟對方打招呼，就算是再難相處的上司，也會給予正面的回答：

「哦，好像是呢。今天也要打起精神來！拜託你了。」

只要這樣的對話能持續下去，兩人的關係就會逐漸好轉。

只要認同彼此最原始的樣子，就不會再有好惡

「喫茶去」其實是一句禪語，意思是指「喝杯茶」。

這句話起源於中國唐朝的趙州禪師，無論來者何人，他都能告訴對方：「算了，來喝杯茶吧。」這句話其實有很深的涵義。

那就是**人與人相處的真諦是，不要看人的貧富貴賤**。

即使來的是自己不喜歡的人，你是否也能像趙州禪師那樣說出「來喝杯茶」這種話？

要一視同仁地與所有人相處，並不是一件容易的事。

因為人在做出喜好的判斷前，會先用頭腦思考：「這個人會幫我工作，所以我喜歡他」、「這個人會下很多訂單，所以我喜歡他」、「這麼人回信很慢，所以我討厭他」……說是先在腦海中盤算利弊得失也不為過。

不管是在約好的時間壓線趕到的人，或遲到還找藉口的人，希望大家都能一視同仁地出言慰勞對方，說句「請喝茶」。

爲了做到這一點，重點在於不要抱持先入爲主的成見。

「悟無好惡」是指沒有成見的禪語。

意思是說無論是對人還是對事，都能認同彼此最原始的樣子，沒有好惡。

尤其是第一次見面時，千萬不要有先入爲主的成見。光看名片就以公司的規模或職位、或只看衣著來判斷一個人的話，之後相處起來就會有隔閡。

只要拋開先入爲主的成見，就能看到對方各種不同的面向。這麼一來，工作就能順利進行，人際關係也會變得圓滑。

“

不是只有對方有錯

——原因經常也出在自己身上

“

「爲什麼連這種事也做不好！」

「你連這個都不懂嗎？」

「爲什麼會變成這樣!?」

今時今日，敢用這種話辱罵部下的主管會被當成職權騷擾，立刻被投訴。

但還是有很多主管會以「喂，你爲什麼要花這麼多時間？」或「不是這樣的吧？」這種遊走於職權騷擾灰色地帶的話來提醒部下。

這種主管多半是認爲**「自己做得到，所以對方應該也辦得到」**，如果部下做不到，就會感到心浮氣躁、壓力山大。

話說回來，認爲「自己做得到的事，別人也一定做得到」，其實是很大的陷阱。

部下無法完成工作，是誰的錯呢？

那絕不是部下一個人的錯，主管缺乏管理能力或許也是很大的原因。

人的能力形形色色，每個人都有拿手的事物與不拿手的事物。搞清楚部下的能力，分配業務，以提升團隊的凝聚力，本來就是主管的任務。

重點在於讓部下在其擅長的領域發揮實力、在不擅長的領域給予完整的建議與協助，以提升部下的技能。這也有助於企業成長，而優秀的主管有能力做好這部分的控管。

認爲「自己做得到，所以對方應該也辦得到」的主管，**或許都只看到部下的表面吧**。

「你連這個都不會嗎？」聽到主管這麼說，部下會做何感想呢？

不要想到什麼就說什麼，請試著站在對方的立場，貼近對方的想法，思考對方聽到那句話會有什麼想法。

不懂時請虛心求教

另一方面，以部下的立場來說，因爲自己技能不足拖慢團隊的進度，其實是一件很痛苦的事。要是還因此受到上司嚴厲的斥責，大概會覺得無地自容吧。

我的建議是：這時請不要往心裡去。

「你連這個都不會嗎？」

萬一被主管罵，也不要意志消沉，就算是用裝的也要打起精神說：「對不起，請教我該怎麼做。」向對方求教。

只要承認自己就是不會，事情說不定會往好的方向發展。

「那你帶著電腦來會議室，我教你。」

只要能讓主管這麼說，你就贏了。

因爲不只責備部下，協助部下成長也是主管的工作。

主管或許也會因此發現「自己做得到，所以對方應該也辦得到」的想法是不對的。

金錢上的誤會

——「付錢的人比較大」根本是歪理

對企業提出無理取鬧的投訴與舉動的顧客騷擾，一年比一年嚴重。暴力、恐嚇、出口傷人、賴著不走、不合理的要求等，各式各樣惡意的行爲都屬於這個範疇。

即使還不到騷擾的地步，我也覺得顧客主張權利的意識一年比一年惡化。

我認爲那是**因為顧客以為自己可以主張，「我付了錢，你們沒資格對我說三道四」這種錯誤的權利所致**。

在公車或捷運上，也有人會不可一世地說：「我付了錢就沒必要讓座吧。」在吃到飽的餐廳裡，有人會在盤子裡剩下一堆菜：「我付了錢，所以吃不完也沒關係吧。」

我想問那些人：「付錢有這麼了不起嗎？有必要這麼囂張嗎？」

打個比方，就算在餐廳裡付了很多錢，那也是付給餐點及服務的費用，**不代表客人就比較大**。商店與客人是對等的關係。

更重要的是，我們能活著是因爲許多動植物犧牲了寶貴生命給我們吃，所以應該充滿感謝之心才對。

認爲只要付錢就好的人，通常是基於**「我是靠自己的力量活下來，不是任何人的功勞，也沒受到任何人的照顧，所以少管我！」的意識**。

我對社會上充斥著這種「錢、錢、錢」的金錢至上主義，充滿了危機感。

我認爲以社群媒體爲首，網路社會的發達也是造成對權利的主張肆無忌憚蔓延的主要原因之一。

與別人交流變得理所當然，所有人都失去了泰然自若的心情。**每天都覺得好像被什麼東西追著跑，甚至還有如果沒有己見就得不到認同的危機意識**。

什麼是比金錢更重要的事？

社會上充斥著一切皆以金錢衡量的「金錢至上主義」，人們已經忘了眞正美好的東西。

不知是否受到日本經濟在全球的地位變得低落、媒體一天到晚強調「失落的三十年」等弱勢的報導影響，大部分的日本人都失去了自信。日本經濟確實持續低迷，**但日本人的本質並沒有改變**。

因爲庭園設計的工作，我每年要出國好幾趟。每次出國，我都會想念日本適合居住、日本人的品德。

「街上有乾淨又舒適的廁所」、「掉東西或失物都能找回來」、「日本人非常有禮貌」、「不用給小費也能享受服務」……。

這些住在日本好像是理所當然的事，其實都讓我覺得非常值得感激。從海外客觀地審視日本時，會發現很多比金錢更重要的東西。

別當「好人」

——這樣只會被利用

你想當「好人」嗎？

想必大多數的人都會回答「想」吧。我認爲，想成爲被所有人仰慕的好人是人之常情。

那麼「好人」是什麼樣的人呢？一般而言，大概是指「讓人有好感的人」、「有氣質的人」、「性格或爲人討喜的人」吧。

再說得具體一點，「能隨時站在對方的立場想事情」、「能爲對方著想」、「能溫柔體貼地對待別人」、「不說別人的壞話」、「笑容可掬」……諸如此類。

這種人的確是「好人」。

但我總認爲大部分的「好人」並不是眞的爲別人著想，而是**想在別人眼中維持好形象，所以扮演好人的「僞君子」**。

別人不喜歡自己會形成一種壓力。所以或許是爲了避免這種壓力，藉由當「僞君子」來保護自己。

敢拒絕，才是真正的「好人」

其實「好人」有時候是別人眼中「好利用的人」。不，或許絕大部分的好人，都是別人眼中好利用的人。

「好利用的人」最常見的例子就是**只要拜託他，不論什麼事都願意做的人**。明明自己的工作已經忙得分身乏術了，只要哀求他：「拜託你！快來不及了，幫幫我。」他就會幫忙：「好吧。」因爲好人不希望讓別人產生「這傢伙，我都已經這麼困擾了，居然還不肯幫忙」的壞印象。

然而，爲了幫助別人，搞到自己的工作進度落後、每天留下來加班，最糟的情況是連幫忙的工作都延遲、自己的工作也來不及完成……。因爲自己是「好利用的人」，反而給別人添了麻煩。

如果是真正的「好人」，倘若自己已經忙不過來了，就要明確地拒絕：「很抱歉，我現在也忙得不可開交，幫不上忙，請找別人。」那才是最不會給別人添麻煩的方法，這種人才是眞正的「好人」。

比較可怕的是「好利用的人」演久了，開始不知道自己真正的模樣是什麼。

明明想這麼做、那麼辦，卻因爲凡事配合別人，不敢說出自己的意見，久而久之就不在乎自己想做什麼了。

「想吃什麼？」、「我都可以，吃你想吃的吧。」

「想去哪裡？」、「我都可以，去你想去的地方吧。」

如果以上是情侶間的對話，會給對方「這個人很好，但實在太優柔寡斷了，無法再進一步發展」的印象，說不定還會落得分手的下場。

不是要大家都別當「好人」。只要掌握住眞正的「好人」與「好利用的人」之間的平衡，表現出自己眞實的模樣，就能過幸福快樂的生活。

別被「羨慕」的情緒沖昏頭

——不被「負面」情緒壓垮的方法

「好好啊，○○家是豪宅！有六十五吋的４Ｋ電視，車子想當然也是進口車。」

「同一時期進公司的傢伙比我先升遷了。明明工作能力不怎麼樣，眞令人羨慕啊。」

「聽說隔壁課的女生嫁給一個帥哥。明明長得不怎麼樣，好好啊。」

羨慕別人的心情無分男女老幼，只要是人都有。

但我猜很多人從小就被教育「不可以羨慕別人，羨慕別人無法讓自己得到幸福」。

但羨慕別人的心情真的「不好」嗎？

字典裡的「羨慕」原本的意思其實是，「看到別人的能力或狀態，自己也想變成那樣的願望」。

也就是說，「看到朋友家的大型電視機，希望自己家裡也有」、「看到同時期進公司的人飛黃騰達，自己也想出人頭地」、「看到認識的人與帥哥結婚，自己也想要有這樣的男朋友」，並不是什麼壞事。

接下來才是重點。

若「羨慕」的情緒往不好的方向發展，會覺得自己很丟臉、很悲慘。萬一羨慕的情緒繼續**發展成「嫉妒」或「憎恨」就更糟糕了**。希望對方不幸則是最糟糕的情況。

等於被「羨慕」的心態沖昏頭了。

從正面的角度接受令人羨慕的事實，是讓羨慕的情緒停留在「羨慕」的方法。與此同時，自己也要努力，盡量接近那個令人羨慕的狀態。

「為了像〇〇家那樣也有能力買進口車，我要努力學習，考上一流的大學。」、「為了追上同梯，我要把目標訂得高一點！」、「我也要打磨自己，交一個令人稱羨的男朋友。」像這樣從積極的角度看事情，鼓勵自己。

直接讚美對方也是好辦法。

「好厲害呀，你是我們這批最快冒出頭的！我也要努力追上你、超越你。」、「恭喜！我也要找到不輸給妳老公的男朋友！」**稍微退一步，從正面角度接受對方的幸福，以此激勵自己**。

機會人人平等

人類的能力其實沒有太大的差別，之所以產生不同的結果，在於努力能不能持之以恆。

換句話說，我認爲「持續力凌駕於能力之上」。

持續做同一件事也是禪修的本質。不管天氣是酷暑還是嚴寒，修行僧每天都要打掃、坐禪、誦經……。

每天重複做同一件事的話，每一個修行都會變成習慣，刻在骨子裡。**不是用頭腦記住，而是用身體記住**。即使腦筋理解誦經的意義，只要身體沒記住就不算修行。

機會將公平地降臨在每個人身上。學習也好，工作也罷，只要孜孜不倦地繼續努力，無論機會什麼時候降臨，都能牢牢地抓住。

別製造落差

——美化自己會與現實產生痛苦的落差

在電影或舞台上大放異彩的演員，或一再寫出暢銷書的作家等「時代的寵兒」，看起來總是閃閃發亮、如此耀眼。

言行舉止充滿自信，穿什麼衣服都很適合自己。感覺結果對他們來說都是過眼雲煙，勇於進行各式各樣的挑戰。

他們敢於客觀地審視自己，不會過度美化自己，而是以最原始的狀態發光發熱。

看到那種人，我總是很感慨，真希望在社群網站上過度美化自己的人，都能向這些閃閃發亮的人學習他們的乾脆俐落。

無論是魅惑的妝容，還是令人稱羨的生活、誇張的話語，都是因爲對自己沒信心的僞裝吧。基於渴望被別人肯定的欲求，想藉由引人注意來讓人覺得自己很了不起。

美化自己有兩個壞處。

一是會**苦於過度美化的自己與現實的自己之間的落差**。起初收到很多「讚」，大概會覺得很開心、很驕傲。但是隨著希望得到更多「讚」，會讓自己陷入困境。一旦回到現實，就會變回沒自信的自己。因爲社群網路上的那個自己是「假的自己」，感覺非常空虛。

另一個壞處是**「真的自己」不會成長。即使假的自己不斷成長，真的自己也沒有任何改變**。

眞正閃閃發亮的人對自己很有信心，所以不會過度美化自己。因爲敢表現出眞實的自己，也不會陷入困境，敢做各式各樣的嘗試，有如滾雪球般成長茁壯。

「露堂堂」是一句禪語，意思是說**真理會光明磊落地顯現，既無須追求，亦無須探索，只需察覺即可**。

不在乎周圍的評價，不卑不亢地讓別人看見最眞實的自己，這種豁達的人反而會變得更堅強。

另一方面，由社群網站構成的社會，可以說是一切都攤在陽光下的「露堂堂社會」，如今已經變成一個政治家及明星、企業等各種無奇不有的醜聞一一浮上水面的時代。相對於此，當社群網站發展成揮舞著偏頗的正義大旗，貶低別人，實在是本末倒置。希望大家都能在了解可能會受到抨擊的風險下，善用社群網站。

只有自己能評價自己

之所以過度美化自己，是因為想得到別人的評價。如果沒有他人的存在，就沒必要過度美化了。也就是說，只要成爲能評價自己的人就好了。不過，要成爲那種人需要決心。

「精進」——一般是指「專心做一件事，全力以赴」的意思，這也是禪語。意指鼓起勇氣斷惡行善，提升自己。

釋迦牟尼佛說：「精進是通往不死的道路，怠惰則是通往死亡的道路。精進的人才能活下去，耽於懈怠的人雖生猶死。」視「精進」爲人生的關鍵字。

精進並非只是督促我們努力的教誨，也是「諸行無常＝人世間的一切隨時都在變化」的教義。

第五章　不要執著

別囤積物品

——決定好放手的標準會輕鬆許多

聽說朋友買了名牌包，自己也想要一個，於是上網搜尋——

各位是否也有過這樣的經驗？

一旦產生「我也想要」的欲望，就很難掐掉發芽的欲望。

佛教要我們拋棄「執著」，說穿了就是「別固執、拘泥於某項事物」。

拋棄「我也想要」的執著，需要一點想像力。

「眞的需要那樣東西嗎？」、「我每天都會用到嗎？」、「是否只是覺得擁有比較好？」、「會不會根本用不到？」、「爲什麼會想要呢？」

不妨養成習慣：在按下網路商店的購買鍵之前，先停下來思考一下。

讓物品發光發熱到最後一刻

看看自己的房間，是否充滿了執著的產物？

房間裡塞滿「物品」的人顯然不在少數。

我也接受過許多次「請告訴我們丟東西在禪學上代表什麼意思」等，以放手、減量爲主題的採訪。

生活中的一切都是有緣才會來到你身邊，所以請盡可能珍惜這一切。

但是不是也有很多別人送的東西或衝動購買的物品，根本沒有使用過，就一直放在那裡呢？**這時不妨告訴自己，那些東西跟你的緣分比較淺**。

有一句禪語叫「下載清風」。意思是指在港口卸下貨物的船，將無事一身輕地順風遠颺。

各位也**丟掉不要的東西，讓清風吹進屋子裡吧**。

處理掉不要的東西後，房間會變得通風，生活也能過得更舒適。

要是什麼都捨不得丟掉，與物品結下「孽緣」，對那些東西也很失禮。

舉例，朋友來家裡玩的時候說：「這個鐘好好看啊。如果你沒有在用，可以送給我嗎？」聽到這種話，或許反而會覺得捨不得。

如果那是什麼紀念品或誰的遺物，只要告訴對方「不好意思，這不能給你」就好了。

但如果只是因為喜歡而買回家，已經沒有在用了，不妨試著為自己訂下丟東

西的標準。

我經常告訴大家：「如果已經放了三年，就可以歸類為已經不會再用的東西。」

「可是這東西很貴耶。」或許會覺得可惜，但正因為不想浪費，更**應該讓給願意使用它的人**。

把東西送給願意使用它的人，東西也會感到幸福。

這才是讓物品發光發熱的方法。

「放手」並非「失去」

——放手才能抓住更多東西

得失心很重，不願意放掉已經到手的地位，最具代表性的人物莫過於政治家。雖然不能一竿子打翻一船人，但是看到他們把政治獻金或收受賄賂等各式各樣的問題推到祕書頭上，試圖逃避責任的醜態，**不免覺得當人得到某些東西，不想放手的瞬間往往會失去理智**。

道元禪師說過：「捨得，才能獲得。」意思是指放開手中緊緊握住的東西，重要的事物就會自然而然地落在掌心裡。

這句話告訴我們**「放手」與「失去」的差別**。

因爲是好不容易得到的地位，所以不想放手，但要是緊抓住不放，就無法再抓住其他東西。

不只政治家，但凡得到一定程度的社會地位，基於想自保的心情，緊抓住不放的人想必不少。

以下是我的主觀想法，愈是不以光明正大的手段得到社會地位的人，愈有可能拚命想抓住自己的地位。

總而言之，應該用**「放手才能得到無限大的機會」**，來解讀道元禪師這句話。

另外，放手還會帶來以下的結果。

手機及電腦等資訊通信設備，在現代這個資訊爆炸的社會儼然成了不可或缺的工具。但如果完全浸淫在資訊的大海裡，有些人一旦手邊沒有這些通訊設備就會陷入驚慌失措的狀態。通訊設備的重要性因人而異，但我聽說有人遲到的理由，竟是因爲忘了帶手機又回家拿。

萬一忘了帶手機，就這樣度過一天又何妨？或許還會產生許多因爲「放開手機」才有的奇思妙想。

所有人都是以「暫時的身分」活在世上

從緊緊抓住社會地位的角度來說，愈是退休的人得失心愈重。聽說在一些銀髮社團裡，有很多人即使沒有人問起，也會主動講述自己光鮮亮麗的經歷，例如「我直到去年都還是○○商事的董事……」。

因爲是自己打拚了大半輩子才得到的地位，退休後也戀戀不捨地以爲那個地位還是「自己的東西」。

所謂的社會地位，在自己的人生裡只不過是「暫時的身分」。最好的證據就是退休後會立刻有人繼承自己的地位。就算是自己再努力爭取到的地位，也總有一天必然會失去。

既然如此，不如忘掉過去的社會地位，敞開心胸地說：「我是住在三丁目的田中，是對農務一無所知的外行人，想靠家庭菜園挽回自己身為人夫的地位（笑）。請多多指教。」對方一定會親切地接納自己吧。

過去會教訓年輕人：「別用名片做事。」這句話是爲了告誡在大企業上班、職位的社會地位較高的人切勿盲目自信。

名片上印的「職稱」，只不過是暫時的身分。只有「名字」才是本來的自己。盡量提升自己的價值才是身爲一個人的本分。

爲了不變成「失去職稱就只是普通人」的人，精進非常重要。

“

放開過去也放開未來

——重點在於只看「現在」

“

退休後需要多少存款呢？

幾年前，日本金融廳發表「老後資金後需要兩千萬日圓」的報告時，引起一片譁然。

而且那是用老年人的平均家用計算出來的標準，讓沒有儲蓄的老年人感到非常不安。

可想而知，爲迎接人類可以活到一百歲的時代，「退休後」的期間變長了，大部分的國民都很擔心晚年的經濟問題。

但是，**對於幸福的感受因人而異，因此不需要對「需要兩千萬」這個數字照單全收**。

不知道是不是因爲這個話題起了頭，聽說很多人反而是到了晚年才致力於投資。

再怎麼擔心老後的資金，**為了生不帶來、死不帶去的金錢疲於奔命，還是因為執著的關係**。

除了錢以外，就連地位、房子、家人也沒有一樣東西帶得走。

「本來無一物」是一句禪語。

意思是說**人兩手空空地來，最後也將兩手空空地去**。沒什麼東西好執著，形容自由自在悠遊天地間的心境。

欲望是永無止盡的。但不管累積再多資產，都無法保證自己往生後，家屬不會爲遺產骨肉相爭。

重點不是死後留下多少遺產，而是有沒有過充實的人生。「怎麼活」才是最大的課題。

全力以赴地做好眼前事

爲了在最後一刻能說出「我的人生無悔無憾」，我認爲應該腳踏實地地拚命做好自己現在應該做的事、必須做的事。

工作與學業當然不用說，但也不是只有工作與學業而已，每個人都有站在自己的立場該做的事。

「活在一息」也是禪語，意思是指好好地活在每一次呼吸的瞬間。將全部的心力集中在眼前的此時此刻。不要胡思亂想地煩惱未來的事，也不要耿耿於懷地後悔已經過去的事，**放開過去，也放開未來**。

禪宗認爲，「活著」就是不斷地重複生死輪迴。

人活著會呼氣、吸氣，每一次呼吸都是一次又一次的死而復生、生而復死。**過去的自己已經死了，未來的自己還沒出生。正因為如此，才要全力以赴地活在當下**。人生就是這樣累積出來的。

你的心是否正被已經死去的自己，和尚未出生的自己所迷惑呢？唯有「現在」才能創造美好的人生。

不安並非現實

——不安是內心擅自製造出來的陰影

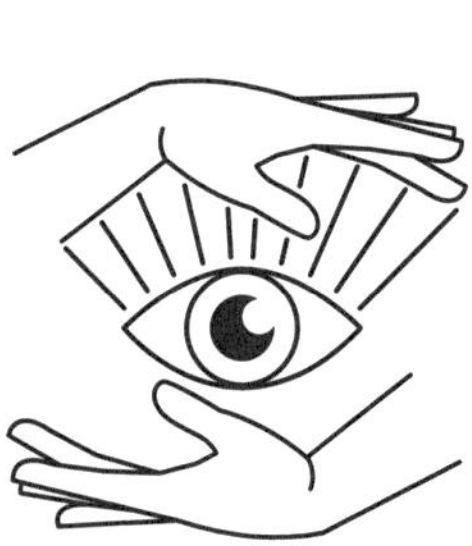

任誰都會不安。

如果是工作上的不安，可能有「來不來得及交貨？」、「能不能達成業績？」、「會不會又因為失敗被罵？」……。

而且不安是縱橫交錯的。**是一環扣一環的連鎖反應，例如「沒能達成業績→挨罵→無法出人頭地」**。

我稱此為「滾雪球的不安」。因為當腦海中浮現一抹不安，那抹不安會引起更進一步的不安，愈滾愈大。所以重點在於，**就算心生不安，也別「隨不安起舞」**。

不安到底是什麼呢？字典上的意思是「覺得擔心、恐懼的事」、「憂心忡忡、令人無法平靜的事、擔心的事」。

換句話說，**所謂不安是無憑無據地感到害怕，並沒有實體**。是內心擅自製造出來的幻覺。

因此請先記住一件事：「不安並非現實。」

一旦感到不安，就只能採取行動了

如果要針對不安給點簡單明瞭的建議，禪宗的始祖達磨大師與繼承大師衣缽的禪宗第二祖慧可之間的「達磨安心」禪問答，非之莫屬。這是非常有名的典故。

有一次，弟子慧可向達磨大師傾訴自己的煩惱。

「大師，我好不安啊，不安到晚上睡不著覺，什麼事也做不了。該怎麼做才能消除這股不安的情緒呢？」

大師回答：

「那就讓我來消除你的不安，讓你放心吧。」

「太好了。感謝大師！」

慧可大喜過望地聽大師開釋。

「你先把你的不安拿到這裡來。這麼一來，我馬上就能幫你一一消除了。」

慧可聽從大師的話，開始尋找不安的下落，但是上窮碧落下黃泉都找不到不安。

「大師，我找了半天也找不到不安。」

「這不就結了，我已經消除你的不安了。」

慧可心頭一凜，恍然大悟。

不安沒有實體，只不過是內心擅自製造出來的陰影。一旦你領悟到這點，內心就會安定下來。

只要知道不安的本質到底是什麼，即使心生不安，大概也不會滾雪球似地愈滾愈大。

不要像慧可那樣，只是陷在不安的情緒裡，什麼也做不了。

重點在於即使心生不安，也不能軟弱，總之先採取行動再說。

因爲人類無法一面採取行動又一面煩惱。

從「正面」的角度
傾聽對方的意見

——好的主管不會堅持己見

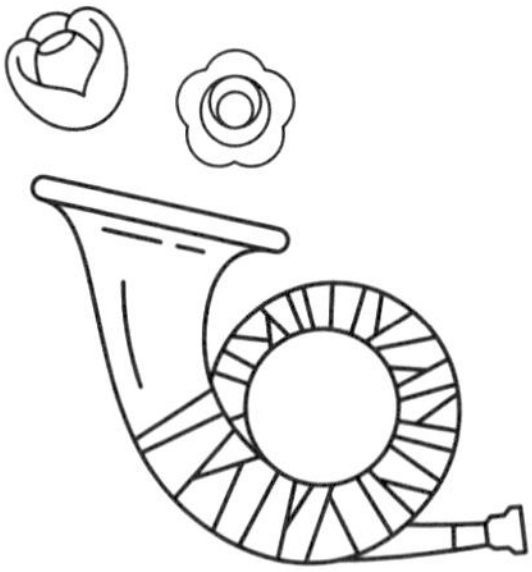

「我想這麼做，如果有別的想法請告訴我。」

主管在會議上這麼說，於是你意氣昂揚地發言，結果主管也不說明理由就否決你的意見：「不是那樣的。」

主管交辦業務的時候說：「如果有哪裡不懂，什麼都可以問我。」

於是你鼓起勇氣提出問題，沒想到主管居然以不耐煩的口吻說：「這種小事不會自己想嗎？」堵得你啞口無言……。

這種主管似乎還不少，**與其說是欠缺當主管的資質，不如說是欠缺身為人那顆柔軟的心**。

萬一直屬上司是這樣的主管，請把他當成反面教材。

死都不聽對方意見或要求的人不僅頑固，也是因爲太執著於自己的見解。這種人應該拋棄認爲自己一定是對的固執，打磨「傾聽的能力」。

不堅持自己的意見，能以柔軟的心傾聽對方建議的人，多半是謙虛的人。

「這樣啊，你的意見的確有很有道理呢。我也有同感。但這部分的預估是不是有點太樂觀了？」

像這樣交流彼此的意見，事情便能往好的方向發展。

「柔軟」與「謙虛」密不可分。

你也能謙虛地對待石頭和樹木嗎？

「柔軟」與「謙虛」並不是指一味地迎合他人的意見，沒有自己的想法。正因爲擁有自己的想法，才願意傾聽別人的意見。

以正面的態度接納他人的意見，這點非常重要。

如果內心深處有著「自己才是對的」的心情，無論如何都無法保持客觀的態度傾聽。

還有一種主管是部下明明提出很好的方案，卻死活不願意採納，這種人無疑是那種心胸狹窄，「要是全盤採納那傢伙的意見，我的面子往哪裡放」的人。不僅如此，如果還剽竊部下的想法「哦，聽起來眞不賴。那你把這裡稍微修正一下，整理成團隊的方案」，部下也會心灰意冷，不想繼續在這種主管手下做事。

光是不要堅執己見，就能提升團隊的向心力，建立雙贏的關係。

我之所以堅持以正面的態度聆聽對方的意見，是因爲這也與庭園設計的工作也有關。

打造「禪庭」時，與石頭及樹木等素材對話相當重要。爲不會說話的對象著想，揣測它們的意思。舉例來說，石頭有天（上）、地（下）、表（正面）、裡（背面）。必須問石頭才知道要怎麼擺。與石頭對話，讀懂「石頭的心」。如果我自顧自地決定「天是這裡，那表面就朝這邊擺吧」，通常設計不出好景觀。

配置也是相同的道理，要讀懂石頭「想以什麼角度待在哪裡」的心。能與這些素材建立良好的關係，靠的也是「柔軟」與「謙虛」。

第六章

別要求回報

“

交流的不是「金錢」
而是「真心」

”

——這是建立起「溫暖關係」的祕訣

我因為庭園設計的工作出過好幾次國，也因為庭園設計和演講在日本各地跑來跑去。每次出門都覺得**國外的飯店或旅館、餐飲業的服務，跟日本截然不同**。

在海外，每一項服務都有價格。也就是說，要付錢才能得到服務。像是「我提供了以上的服務，所以請給我〇美元」，這是理所當然的要求。

平等互惠的文化在歐美根深柢固，付出多少就要得到多少，得到什麼相對地也會付出什麼。

另一方面，日本的情況呢？

以小孩在旅館的客房不小心打破杯子為例，只要叫人，房務人員就會馬上趕到。

「小朋友，沒事吧？有沒有受傷？」

房務人員會先檢查小朋友有沒有受傷，再以最快的速度收拾好玻璃碎片，然後把弄髒的桌子擦乾淨，換上一個新的杯子。

但結帳時**既不會要求房客支付打破杯子的錢，也不會要求支付房務人員的清潔費吧**。

若說「那筆錢早就含在服務費裡了」，或許也沒錯，但我仍覺得**房務人員的工作態度並不是看在「錢」的份上，而是建立在「心意」上**。

還有，國外會「理直氣壯」地把帳單交給客人，但日本人卻是「低著頭」，誠惶誠恐地遞出帳單：「麻煩您了。」

我認為以上的差別也是因為我們有透過「心意」而非「金錢」交流的文化。

「分享」是美德

我們還有「分享」的文化。

「這是我娘家種的橘子，家裡寄了很多來，不嫌棄的話請收下。」

讓人感覺非常溫暖。

分享始於江戶時代會把做太多的菜拿去送給鄰居的習慣，收到的人再把別的東西裝在容器裡回禮。

話雖如此，分享並不是為了要求回報。**即使收到滿滿一籃橘子，僅僅回送一盤燙青菜也沒關係，這才是分享的美好之處**。

歐美的平等互惠原則就不是這種關係了。

會先想到「收到的橘子價值一千日圓左右，所以我也得回送一千日圓左右的回禮。這樣才公平」。**這是基於為了保持良好的人際關係，絕不能讓其中一方蒙受損失的想法。**

想當然耳，公平的關係很重要，但我更喜歡「分享」的文化。

「這條蜂蜜蛋糕是別人送給我的，你願意幫我吃一點嗎？」

分享時聽到這種話，心裡不是會暖暖的嗎？

積陰德

——為善不欲人知

人們常說日本沒有捐獻的文化。

根據將總部設在英國的慈善救助基金會（CAF）的報告〈全球助人指數二〇二三〉指出，日本是第一一八名（全球倒數第二）。

據說是蒐集「你曾經捐錢給慈善團體嗎？」、「你當過義工嗎？」、「你會幫助不認識的人嗎？」等問題的答案統計而成，這個名次實在太驚人了。順帶一提，第一名是印尼，第二名是烏克蘭，G7（七大工業國領袖高峰會）國家中，美國是第五名、加拿大是第八名。

從歷史的洪流來看，日本人對捐獻的意識其實沒有那麼低。

奈良時代，以行基爲代表的勸進僧們，一面在全國各地傳教，一面募款建設收容因飢荒或瘟疫而陷入困境的人民的設施、從事造橋鋪路等公共事業。

到了江戶時代，儒教的教義廣爲流傳，開始實踐「德行精神」，共助、互助的文化深入人心，以商人們爲中心，成立了救濟窮人的基金。我認爲日本人的捐獻意識在這個時候應該是很高的。

然而自從明治維新後，政權改爲中央集權體制，**所有的公共服務皆由國家負**

擔的意識開始在國民心中扎根，似乎削弱了個人或民間捐款幫助有困難的人的精神。

再者，日本現在的稅制對於捐款的扣除額有所限制，這也讓國民比較不願意捐錢。

不期待回報

能登半島地震及局部性豪雨、新冠肺炎、熊本地震、三一一大地震、阪神大地震……最近因爲重大災害頻傳，似乎逐漸提高日本人捐款的意識。

每次發生重大災害，媒體都會大肆報導藝人或名人捐款或贈送物資的新聞。也有人批評這是僞善或沽名釣譽的行爲，但就算是這樣，我仍認爲捐款要是能多救一個人都是好事。

只不過，偶爾還是會出現想出風頭的人，看到大張旗鼓地舉行捐款儀式的新聞，我都會想起佛教有一句話叫「積陰德」。

「積陰德」的意思，其實就是為善不欲人知。

達磨大師曾經有這樣的事跡。

中國南北朝時代的梁武帝對佛教造詣很深，蓋了很多寺廟，信仰虔誠。梁武帝邀請從印度來中國的高僧達磨大師進宮，問他：

「我這輩子蓋了很多寺廟，對佛教多所貢獻。請問我積了多少功德？」

大師只冷冷地說了一句：**「無功德！」**

大師的意思是說，只要是有目的的行善，無論做了多少好事，都不算眞的善舉。所謂功德，是神佛給予行善之人的報償。

我認爲眞正的「德行精神」，就濃縮在「無功德」這三個字裡。

感謝現有的一切

——心態自然會變得謙虛

近年來，在都會工作的上班族搬到地方城市居住、務農的事時有所聞。聽說還會舉辦體驗活動或務農社團。

「從頭到尾參與一樣東西從無到有的過程，還能看到結果，實在很有成就感。」

我在電視上看過上述務農者的訪談。

有道理，大部分的上班族都只能參與到工作完成的一部分過程。不只製造業，服務業也一樣。

想當然耳，過程對於完成品而言都是不可或缺的，但我們無法聚焦於自己負責的部分，因此會對自己做的事是否真的對社會有貢獻產生疑問。

從這個角度來說，現代或許是個「得不到評價的時代」。或許也有人是因爲這個理由而選擇踏上農業這條路。

就算希望自己的工作能得到評價，也不必走到務農這一步，不妨在庭院或陽台種種蔬菜或香草。藉由澆水、除草、收成果實或葉子，就能見證從無到有的終極過程，當然也有可能發生還來不及結果就枯萎的憾事。

我認為接受訪問的務農者目睹農作物每天生長，應該能深切地感受到與自然同在。透過自己從頭到尾完成一項工作，也能深切感受到還是上班族時，光是能參與到工作完成的一部分過程，就已經是很美好的事了。

感謝自己現在擁有的一切

釋迦牟尼佛說過：**「世上沒有任何無用之物。」**

不用說也知道，我們的生命是受到許多生命的支持才得以成立，能活著都拜周圍的人事物所賜。

其實從呼吸就能明白這個道理。我們在日常生活中都是無意識地呼吸，而不是為了活著才呼吸。光這樣就能看出，**我們並不是靠自己活著，而是自然賦予我們生命**。

掃墓也是了解自己是被賦予生命的好機會。

「自己」有父母，父母還有各自的父母，回溯到十代前的話，至少有一千零二十四位祖先，如果回溯到二十代前，祖先會超過一百萬人。只要少了其中一位，就沒有現在的「自己」。可見**每一條生命都是無數生命充滿奇蹟的延續**，要感謝祖先。

禪宗在用餐前一定會念誦簡短的《五觀之偈》經文，被引用在道元禪師的著作《赴粥飯法》裡，因此廣爲人知。

經文內容充滿了感念食材生命的尊貴、感謝眾人花費在這頓飯的諸多心血與辛勞，反省自己的品行是否足夠端正、是否付出了值得享用這頓飯的努力。

同樣地，請記得平常我們吃飯時說的那句「我要開動了」，也是對食材犧牲自己的生命，讓我們得以活下去的感謝；「多謝款待」則是感謝爲我們張羅食材、做飯給我們吃的人。

“

以「行動」
而非「言語」表達

——以免對方認為你只是說說而已

“

「我是爲了〇〇的將來著想，才這麼說的喔。」

「我是爲你好才這麼說。」

小時候聽到父母講這種話、出社會後聽到上司講這種話，心情鬱悶地覺得「唉，又來了」的經驗，想必任何人都有過。

爲什麼會感到心情鬱悶呢？大概是因爲覺得：**「有必要這樣咄咄逼人嗎？」**

「我是爲你好」，乍聽之下是爲了對方的未來著想，給予寶貴的忠告，**站在說話者的立場，是很好用的陳腔濫調**。但是聽的人無法反駁，所以難免會覺得「眞的是爲了我好嗎？」、「該不會只是希望我照他的意思做吧？」

說話原本就是為了表達「心情」。若是說表面的漂亮話，也一聽就能聽出來。說得再好聽，都比不過出自眞心的話。

眞心爲對方著想的話很有力量，對方一下子就能聽進去。

說話是心態問題，我沒辦法給什麼建議，**我的做法是在跟對方說話前先深呼吸，自問自答**：「我是眞心爲了這個人好，非講這些話不可嗎？」

如果答案是「YES」，那句話就是眞心的，對方一定能聽進去。

真心的程度會表現在行動上

大家都說政治家說的話一點重量也沒有，但我感覺最近愈來愈嚴重了。「眞的很遺憾」、「我們會上緊發條處理」、「我會戰戰兢兢地前進」、「我會好好幹」……。

應該不只有我覺得**每句話聽起來都只是在應付當下的權宜之計吧**？說得直接了當一點，「遺憾」是覺得可惜的意思。鄰國都已經發射飛彈了，如果總理只是說「眞的很遺憾」，只會徒增國民的不安。若說「我們會上緊發條」，也只會讓人覺得「難道以前都沒有上緊發條嗎？」至於「我會好好幹」這種話，更是會讓人質疑「接下來才要好好幹嗎？」

這件事發生在我受邀參加政府主辦的委員會時。當某位委員發表這項政策如何又如何時，擔任委員會召集人的國會議員**面不改色地說：「那項政策無法在短期內做出成果，吸引不到選票。」**還問委員們：「有沒有什麼能引起國民注意的有力標語？」

我聽得目瞪口呆。

以前的政治家不惜散盡家財也要成就大事，現在拚了老命也要中飽私囊的政客未免也太多了。

釋迦牟尼佛說過：

「說再多有益的話，倘若不去實踐，都是怠惰之人。就像養牛的人不數自己的牛，反而去數別人的牛一樣。」

「行動」的分量，比言語重多了。

尋找
「彼此都能接受的折衷點」

——互相退讓，找出彼此都能接受的落點

都說日本人不擅長辯論。不像歐美人從小就接受辯論教育，所以或許這也是沒辦法的事。大部分的人對討論或辯論抱持著負面印象。

然而前幾年掀起一陣「辯駁熱潮」，就連小朋友都把「辯駁」這個字眼掛在嘴邊。

與聖德太子制定的《十七條憲法》主張「以和爲貴」的精神相反，用言語擊敗對方的辯駁蔚爲風潮，令我大吃一驚。

戰國武將武田信玄留下一句，「戰爭若能贏一半就算上策，能贏七分算中策，大獲全勝反而是下策」的名言。

一旦扯到勝負，當然非贏不可，可是如果大獲全勝不僅讓敵人受辱，自己也會得意忘形。即使只贏七分，也會因勝利而安心、鬆懈。**為了今後能更努力，只贏五分剛剛好。以上是信玄對勝利之道的信念。**

退讓半步、只贏五分就好的想法，或許也跟信玄傾心禪學不無關係。

佛教有「中庸之道」的教義。意指**不走極端，要走在中道上**。釋迦牟尼佛爲了追求所有人都能得到幸福之道，捨棄王子的身分地位、捨棄錦衣玉食的生活，展開將自身的肉體逼入絕境的苦修，最後領悟到凡事差不多剛剛好，得到開悟。

基督教及回教認為天上地下只有唯一的真神，屬於非黑即白的宗教，視不奉行神旨的一切皆爲惡事，因此會以聖戰爲名，一而再、再而三地發動戰爭。

另一方面，奉行中庸之道的佛教不偏袒任何一方，認同彼此的優點，重視互相禮讓的心情，走在共榮共存的路上。

對方好，自己也會好

把目光轉向商業的世界，以前會涇渭分明地分成贏家與輸家。但最近彼此都能維持良好狀態的雙贏風潮，開始蔚爲主流。

武田信玄所說的只贏五分的精神，似乎也在商業世界裡開始普及，我認爲這是很好的趨勢。

日本有**近江商人「三贏」的商業哲學**。

「交易時當然要滿足買方和賣方。還要對社會有所貢獻，才稱得上是一樁成功的買賣。」這個想法就是所謂的「賣方好、買方好、對社會也好」的「三贏」。

「折衷點」是讓三贏或雙贏得以成立的關鍵字。意指找出雙方都能接受的落點、妥協點。在互相禮讓的情況下尋找落點，我認爲這是我們的拿手好戲。

在反覆發起「聖戰」的國家，也能聽見他們的國民正發出「差不多了」、「雙方各退一步、達成共識吧」的心聲。希望那些國家的主政者也能傾聽自己國民的心聲。

經常思考「想有所貢獻」

——體貼的心才能創造出體貼的社會

二〇二四年一月一日傍晚發生了「令和六年能登半島地震」。大過年就發生這樣的悲劇，令人痛徹心扉，我只能在電視機前祈禱災民都能平安無事。

前面已經說過爲善不欲人知的「積陰德」有多重要了，義工也進入災區，積了許多陰德。其中發生了一件令我印象深刻的事。

日本國內最大的麵包製造公司「山崎麵包」，早在地震發生不久就送大量麵包去災區。換成其他公司，一定會大肆宣傳「敝公司爲災民做了這麼多事！」但是據新聞報導指出，就連公司的官網都沒有提到支援災區的事。

我在很多場合都提到這項爲善不欲人知的義舉。

不僅如此，山崎麵包支援災區的行爲並非單純的義舉。

事實上，山崎麵包是每當災害發生，都會應政府或地方自治團體之邀，緊急提供糧食。

根據我的調查，山崎麵包大約在半世紀前發生過火災，旗下工廠付之一炬，無法供應商品給大型超市等客戶。

當時他們與其他工廠合作，短短幾天就重新恢復生產。因爲有過這次的經驗，「無論發生什麼樣的狀況，都要竭盡全力把商品送到顧客手上」的經營理念，在公司扎根，從中產生了**「提供緊急糧食給災區是食品公司的使命」**的企業文化。

正因爲山崎麵包認爲提供緊急糧食給災區是身爲食品公司的使命，平常就做好各項準備，才能第一時間採取行動。

因為平常就有在思考，才能馬上採取行動

我對山崎麵包建立「提供緊急糧食給災區是食品公司的使命」的企業文化，佩服得五體投地。

我們只能透過電視得知災區的眞實狀況。當時看到物資不足或過剩等情況，忍不住批評起來。

「總之先用直升機投放水和糧食不就好了嗎？」

「早就知道需要什麼了，就不能更有效率地分配嗎？」

我在暖氣開得極為充足的房間裡當起評論家來。

要設身處地理解他人的狀況或心情並不是一件簡單的事，總是難免流於表面。

山崎麵包就不一樣了。平常就在思考萬一哪家工廠停工，要採取什麼樣的體制才好。這份努力讓山崎麵包無論什麼時候、在哪裡發生災害，都能第一時間把麵包送到災區。

我想其他食品公司、超級市場或連鎖便利商店當然也對緊急糧食供給進行過各式各樣的演練，販賣其他救援物資的企業大概也不例外，這樣的企業愈來愈多了。

看到別人有困難就伸出援手，不求回報，也沒有利弊得失的考量。

Eurasian Publishing Group
圓神出版事業機構
用心與你對話．網野無限寬廣
方智出版社
Fine Press

www.booklife.com.tw
reader@mail.eurasian.com.tw

自信人生 203

讓一步，好事會發生

作　　者／枡野俊明
譯　　者／緋華璃
發 行 人／簡志忠
出 版 者／方智出版社股份有限公司
地　　址／臺北市南京東路四段50號6樓之1
電　　話／（02）2579-6600．2579-8800．2570-3939
傳　　真／（02）2579-0338．2577-3220．2570-3636
副 社 長／陳秋月
副總編輯／賴良珠
責任編輯／柳怡如
校　　對／柳怡如．胡靜佳
美術編輯／金益健
行銷企畫／陳禹伶．林雅雯
印務統籌／劉鳳剛．高榮祥
監　　印／高榮祥
排　　版／陳采淇
經 銷 商／叩應股份有限公司
郵撥帳號／18707239
法律顧問／圓神出版事業機構法律顧問　蕭雄淋律師
印　　刷／祥峰印刷廠
2025年10月　初版

MAYOTTARA, YUZUTTE MIRUTO UMAKU IKU YOKUBARANAI, KISOWANAI, SHUCHAKU SHINAI "ZEN NO OSHIE"

定價 330 元　　ISBN 978-986-175-866-4

「如果你說出一些難聽的話，又為此感到後悔，正是因為你的本性善良。」

——《別動不動就自責》

國家圖書館出版品預行編目資料

讓一步，好事會發生／枡野俊明 著；緋華璃 譯.
-- 初版. -- 臺北市：方智出版社股份有限公司，2025.10
224面；14.8×20.8 公分. --（自信人生；203）
ISBN 978-986-175-866-4（平裝）

1. CST：自我實現 2.CST：生活指導

177.2 114011463